KB231448

미국 어린이
영단어 발음 비법

미국 어린이
영단어 발음 비법

초판 1쇄 인쇄 | 2013년 1월 15일
초판 6쇄 발행 | 2018년 11월 1일
지은이 | Steve Pak
디자인 | 하루
펴낸이 | 박 혁
펴낸곳 | 애플북21
등록번호 | 제 2010-000163호
주소 | 서울 영등포구 선유로33길 22 101-710 (우 07270)
전화 | 02-2068-2123
팩스 | 02-2068-2173
이메일 | applebook21@naver.com

ISBN 978-89-967436-2-0   13740

원어민이 알아들을 수 있는
발음을 하려면?

영단어 발음 비법

Steve Pak 지음

애플북21

머리말

영어는 수천 년 전부터 유럽의 여러 나라를 거쳐 만들어진 언어입니다. 영어에서 사용하는 문자는 '로마자'로 a에서 z까지 26자인데 이것을 영어의 알파벳이라고 합니다. '알파벳'이란 이름은 그리스어의 첫 글자인 'α(알파)'와 두 번째 글자인 'β(베타)'를 따서 붙여진 것입니다. 알파벳은 각각 소문자와 대문자의 구분이 있습니다.

이 알파벳을 읽을 때는, A는 '에이', B는 '비', C는 '시'라고 말합니다. '에이, 비, 시'는 물건 이름처럼 알파벳의 호칭입니다. 하지만 실제 단어 속에서 a는 '애, 아, 어' 등으로 여러 가지 소리가 납니다. 이렇듯 호칭과 발음은 동일하지 않습니다.

이 책은 아직 국제음성기호가 익숙하지 않거나 잘못 길들여진 우리말 식의 영어 발음으로 고생하는 사람들을 위한 단계이기 때문에, 미국식 발음에 최대한 가깝도록 단어마다 우리말로 발음을 표기하여 이해를 돕도록 하였습니다. 그렇지만 영어 발음을 우리말로 표기한다는 것은 어디까지나 보조적 수단으로, '어떻게 하면 좀 더 빨리, 좀 더 가깝게 원어민의 발음처럼 할 수 있을까?' 하는 하나의 방법인 것입니다.

또한, 자음과 모음이 만나서 많은 단어(발음)들이 만들어지는데 이때에는 반드시 일정한 규칙이 있습니다. 이렇듯 영어 단어에서 일정하게 나타나는 발음 규칙, 즉 자음과 모음의 규칙을 함께 배우도록 구성하였고, 이러한 규칙의 사례를 위해 미국 어린이들이 실생활에서 사용하는 영어 단어들을 최대한 분류 수록하였습니다. 어떤 언어든 그곳의 어린이의 말이 가장 기초가 되기 때문입니다.

아울러 교육과학기술부에서 권장하는 단어에는 별도로 * 표시를 하여 비교 참조할 수 있도록 하였습니다.

단어를 마구잡이로 외우는 것보다 이 책 앞 부분에 나오는 **이 책을 공부하기 전에 꼭 알아두어야 할 사항!!**을 잘 이해하고 본문에서 배우게 되는 **발음 규칙**을 응용하여 외우는 습관을 들인다면 훨씬 빨리, 정확히, 또 재미있게 외울 수 있을 것입니다.

일러두기

① **큰 빨간** 활자는 그 단어에 강세가 오는 음절을 나타낸다.

초록색 활자는 실제 모음이 없으니 아주 약하게 발음하라는 뜻이다.

큰 검정 활자는 한 단어에 하나 이상의 강세가 있을 때 제2강세를 표시한다. 즉 큰 빨간 활자보다는 약하지만 보통 검정 활자보다는 센 발음을 뜻한다.

> 예 banana [bənǽnə] 버**내**너 명 바나나
>
> bed [bed] 베드 명 침대
>
> rainbow [réinbòu] **뢰**인보우 명 무지개

② ─은 **장음/긴 모음**을 뜻하며, **ㄹ**은 **r 발음**이라는 것을 보여주기 위함이다.

> 예 door [dɔːr] 도-ㄹ 명 문, 현관

③ 아래 단어들은 한글 표기법상 받침은 **북**, **집**으로 적어야 맞지만, 뒤에 모음이 따라올 때 올바른 받침(자음)이 발음되도록 (원음을 보이기 위해) 이렇게 표기하였다. 예를 들어, **book on**은 **부곤**이 아니라 **부콘**으로 발음해야 원음에 가깝다라는 것이다.

> 예 book [buk] 북
>
> zip [zíp] 짚

④ 을 표시는 l 발음과 r 발음을 구분하기 위해, l 발음은 항상 을을 앞에 첨가하여 아주 약하게 발음하라는 뜻이다.

> 예 like 라잌 → 을라잌
>
> right 롸잍

5 우리가 잘 틀리는 자음 발음 th(θ, ð) / ng(ŋ) / tʃ와 dʒ는 자음 편 서두 유성음과 무성음 편에 b와 v, f와 p, z에 대해서는 각자 해당 자음에서 발음 방법을 자세히 설명하였다.

6 구분하기 힘든 모음 발음 [ɑ]와 [ɔ], [ə]와 [ʌ] 발음은 모음 시작 부분에 수록하였다.

7 입안에서 모음 발음이 발생하는 위치를 나타내는 **모음사각도**는 모음 편에 수록하였다.

8 초등학교 교육과정의 **교과서 권장단어**에는 * 표시를 하였다.

예
> *hand [hænd] 핸드
> 명 손

> *lion [láiən] 을라이언
> 명 사자

9 같은(비슷한) 소리가 나지만 뜻이 다르거나, 글자가 다른 단어들이 있다. 이러한 것을 **동음이의어, 동음이자어**라고 하는데, 이와 같은 단어에는 다음 보기처럼 동음 으로 표시하였다.

예 see [siː] 동 ~을 보다   동음 sea [siː] 명 바다

10 색인 단어장(p 196~208)은 종합적인 영단어 공부를 할 수 있도록 구성하였다.

예
> gift 기프트 ……………………………… 150
> *giraffe 쥐래프 ……………… 12, 91, 93
> ⊛girl 거ㄹ얼 ………………………………… 92

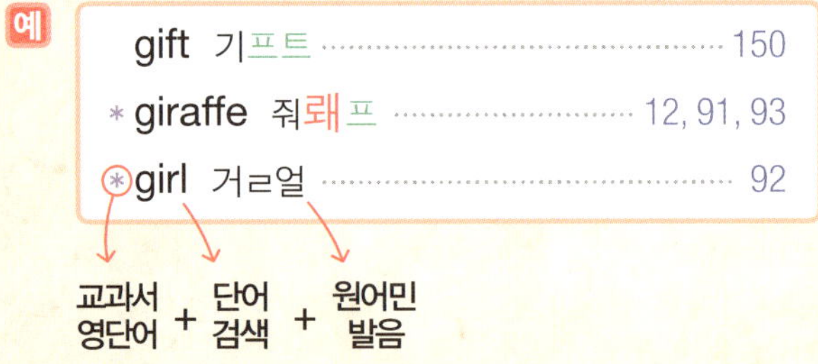

목차

 ## 이 책을 공부하기 전에 꼭 알아두어야할 사항!!

 영어의 알파벳과 모음사각도

영어의 알파벳은 26개의 글자입니다. 우리 한글처럼 자음과 모음으로 구성되어 있는데, 그중 5개(a, e, i, o, u)가 모음이고, 나머지 21개(b, c, d, f, g, h, j, k, l, m, n, p, q, r, s, t, v, w, x, y, z)는 자음입니다. 이 자음과 모음들이 결합해서 수많은 단어가 만들어지는데, 이때 자음과 모음의 실제 발음은 상황에 따라 많이 다르게 변화됩니다. 다음 도표는 알파벳 전체의 구성이나 기본 발음을 한눈에 파악하기 위한 것입니다.

영어의 알파벳

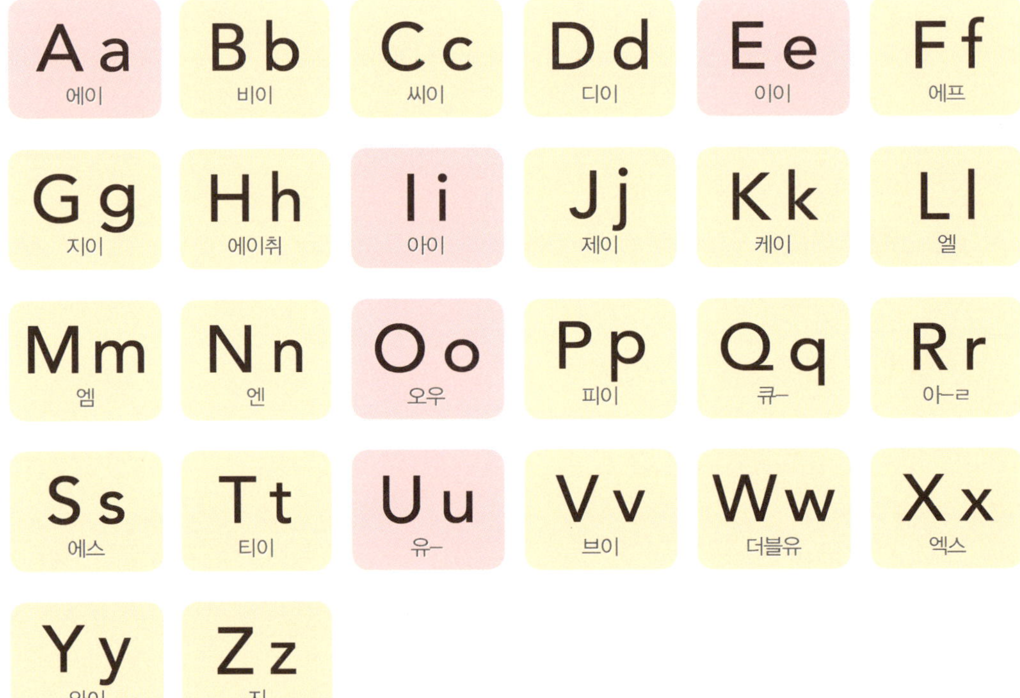

모음사각도

★ **앞모음**들은 입을 옆으로 당겨 벌린 형태이고, **뒷모음**은 입이 동그란 형태입니다.

★ **닫힘**과 **열림**은 입의 벌린 정도를 가리킵니다. 아래로 갈수록 입은 크게 턱은 아래로 벌어집니다. 즉, i 모음은 입을 옆으로 길게 당겨 벌려 위아래 치아가 거의 닿는 기분으로 발음하고, æ는 입을 크게 벌려 발음합니다.

★ **파랑색** 모음은 양 뺨과 턱이 **팽팽한(긴장된) 상태**에서 발음되고, **검정색** 모음은 양 뺨과 턱이 **편한(이완된) 상태**에서 발음됩니다.

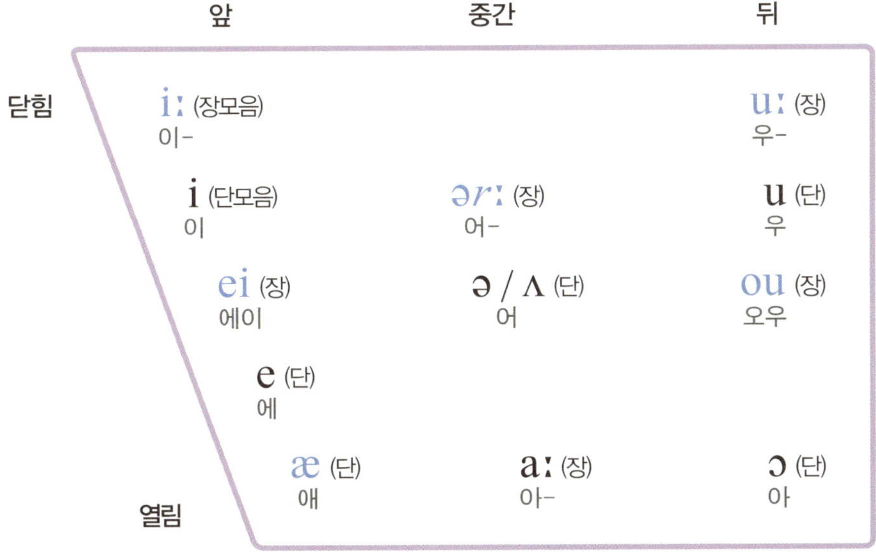

알파벳 21개 자음의 미국식 발음 방법 요약

자음-이름　　우리말-소리　　발음

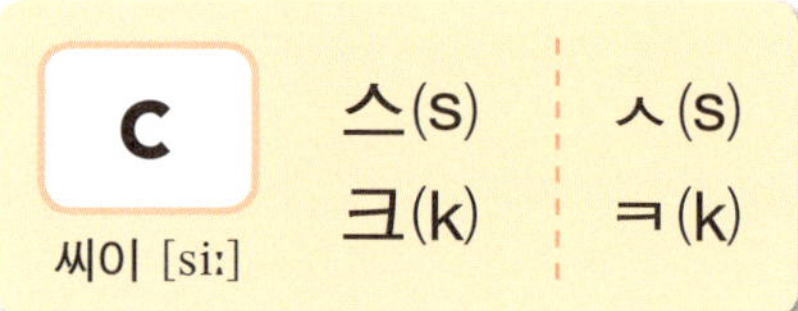

위아래 입술을 가볍게 붙인 상태에서 양 입술을 떼며 내는 ㅂ 소리입니다.

예 banana [bənǽnə] 버**내**너 **명** 바나나

◆ v와 비교되는 발음　◆ b와 p의 발음할 때 차이점 참조

ㅅ(s)　c 다음에 e나 i 모음이 오면 나는 ㅅ 소리입니다.

예 *city [síti] **씨**티 **명** 도시

ㅋ(k)　c 다음에 a, o, u 모음 중 하나가 오면 나는 ㅋ 소리입니다.　**예** cup [kʌp] 컾 **명** 컵

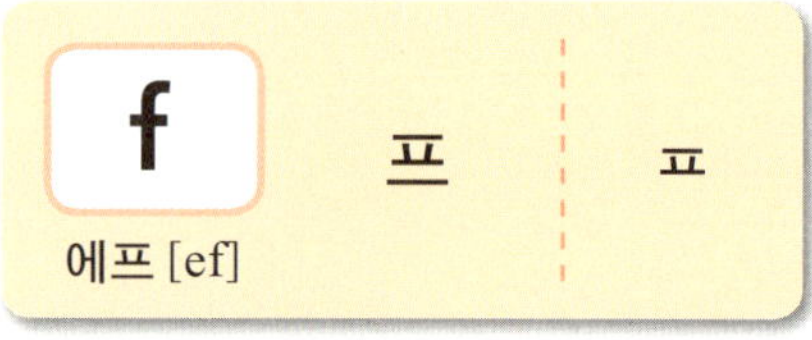

혀를 윗앞니 뿌리 부분에 붙인 상태에서 아래로 떨구며 내는 ㄷ 소리입니다.

예 *dog [dɔ:g] 도옥 **명** 개

◆ t와 비교되는 발음　◆ d와 t의 발음할 때 차이점 참조

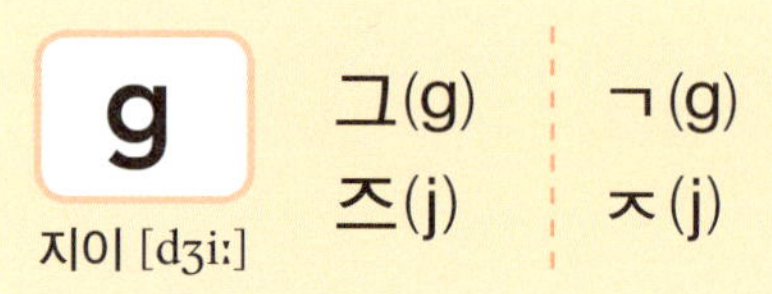

우리말에는 없는 발음 f는 윗니로 아랫입술을 긁으며 내는 ㅍ 소리입니다.

예 five [faiv] 파이**브** **명** 5

◆ v, p와 비교되는 발음

g 그(g) ㄱ(g) 즈(j) ㅈ(j)
지이 [dʒi:]

ㄱ(g)　보통 g로 시작하는 단어에서 나는 ㄱ 소리입니다.

예 *goat [gout] 고울 **명** 염소

ㅈ(j)　보통 g 다음에 모음 e나 i가 오는 경우의 발음이지만 항상 그렇지 않으므로, 두 가지 다 확인 후 선택해야 합니다. **즤**(j) 발음은 항상 입을 내밀어서 합니다.

예 *giraffe [dʒərǽf] 줘**래**프 **명** 기린

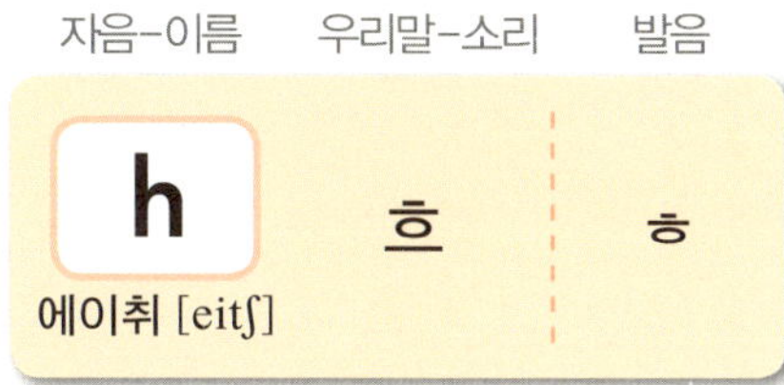

숨소리라고 생각하면 됩니다. 우리말의 **ㅎ**처럼 발음되는 무성음입니다.

예 *hand [hænd] 핸드 **명** 손

입을 앞으로 내민다고 생각하며 내는 **ㅈ** 소리입니다.

예 *jump [dʒʌmp] 쥠프 **동** 뛰다, 점프하다
쥠프(O) 점프(X) 그냥 '점'으로 발음하면 틀린 발음

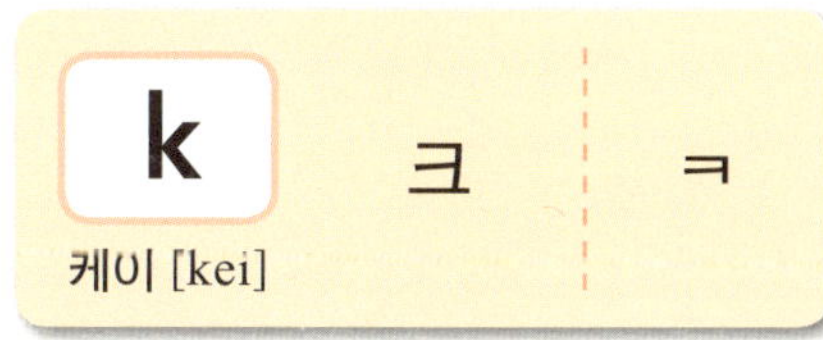

혀의 뒷부분을 입천장 뒤쪽의 연한 부분에 붙여 막았다가 터트리며 내는 **ㅋ** 소리입니다.

예 kangaroo [kæŋɡərú:] 캥거루- **명** 캥거루

◆ k는 바람이 입 밖으로 나오고, g는 나오지 않음

혀끝을 입천장이 아닌 윗앞니 뿌리 부분에 살짝 대고 내는 **ㄹ** 소리입니다. 처음 연습할 때는 항상 **을**을 앞에 붙여서 발음해보세요.

예 lamp [læmp] 을램프 **명** 등, 램프

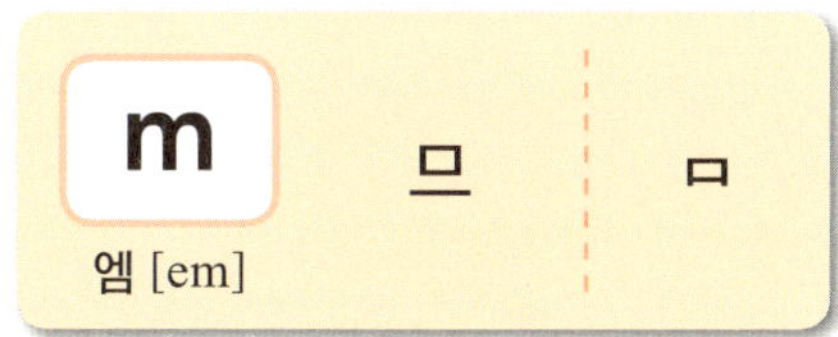

입술을 다물고 콧소리로 내는 **ㅁ** 소리입니다.

예 *milk [milk] 밀크 **명** 우유

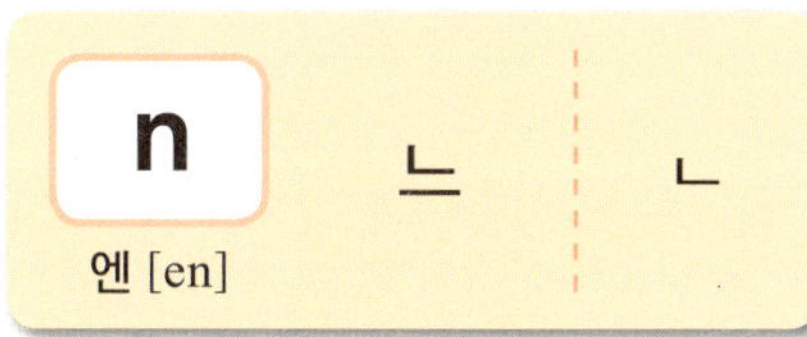

m처럼 콧소리로 혀끝을 윗잇몸에 대고 막는 **ㄴ** 소리입니다.

예 *nose [nouz] 노우즈 **명** 코

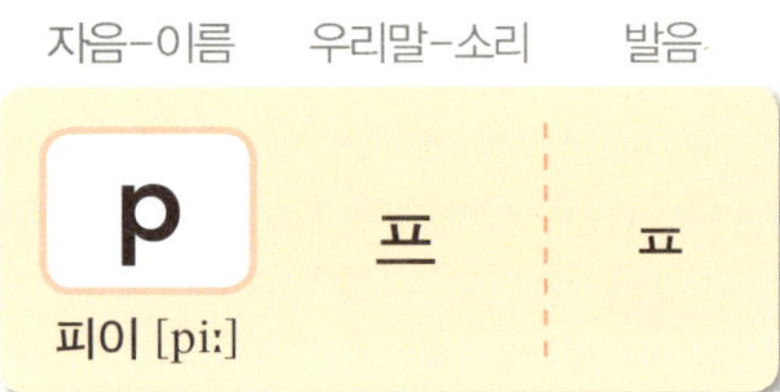

위아래 입술을 붙였다가 떼며 내는 **ㅍ** 소리입니다.

예 *paper [péipər] **페**이퍼ㄹ 명 종이

---

p와 f의 차이 한글로 똑같이 **ㅍ**로 표시되나, 윗니로 아랫입술을 긁는 f와 발음 방법이 다르고,
p와 b의 차이 발음 방법은 같지만, 입 앞에 종잇조각을 대고 발음할 때, p는 종이가 움직이는
반면 b는 움직이지 않는다.

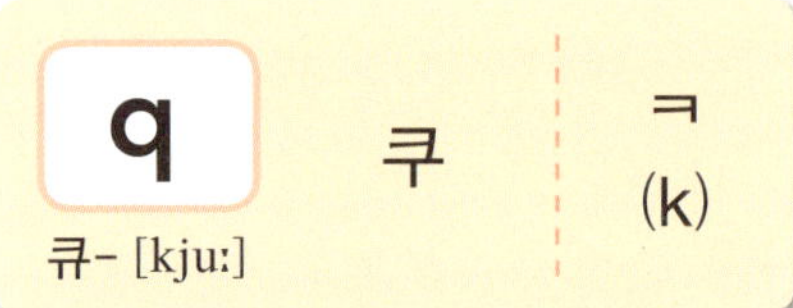

q 다음에는 u가 항상 붙어 다녀서 qu의 모양을 하며, 발음은 kw로 합니다.

예 *quick [kwik] 퀵 형 재빠른

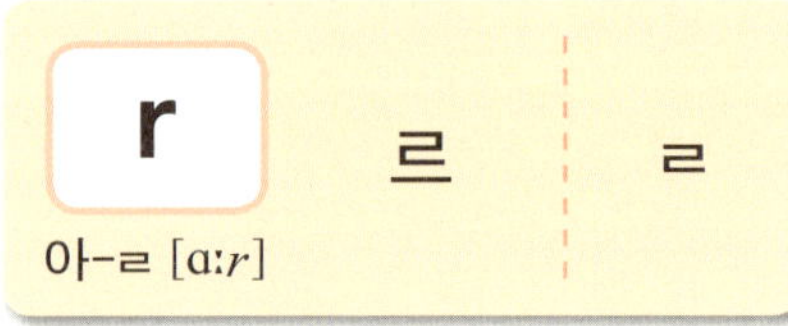

입술을 동그랗게 모아 **우** 모양을 만든 후 **부릉부릉** 하고 차 시동 걸 때 나는 소리처럼 **ㄹ** 발음을 합니다.

예 radio [réidiòu] **로**이디오우 명 라디오

혀끝과 윗니 뿌리 사이에서 내는 마찰음으로, 발음은 알파벳 이름 **에쓰**에서 **에**를 빼고 **스**나 **쓰**만 발음합니다.

예 스 salad [sǽləd] **샐**러드 명 샐러드
쓰 *sun [sʌn] 썬 명 태양

혀끝을 윗니 뿌리에 붙인 상태에서 아래로 떨구며 **ㅌ** 발음을 합니다.

예 tomato [təméitou] 터**메**이토우 명 토마토

◆ d와 비교되는 발음　◆ 강세가 없는 약한 t 발음 → 본문 t 참조

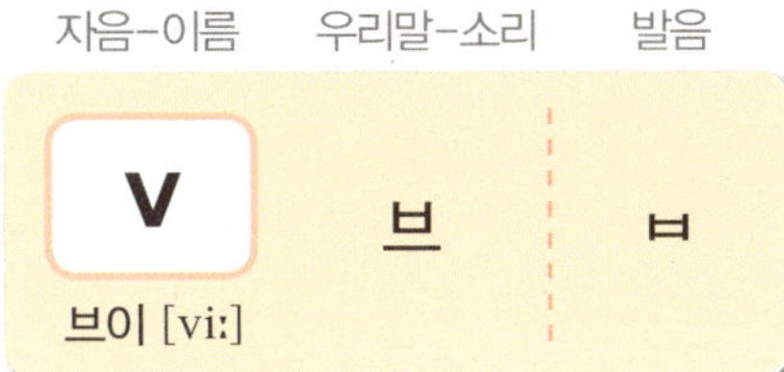

우리말에 없는 발음입니다. 윗앞니로 아랫입술을 긁으며
내는 ㅂ 소리입니다.

예 violin [vàiəlín] **바이얼린** 명 바이올린

◆ b, f와 비교되는 발음

입을 동그랗게 내밀어 (오므려) **우** 하고 발음합니다.

예 *wind [wind] **윈드** 명 바람

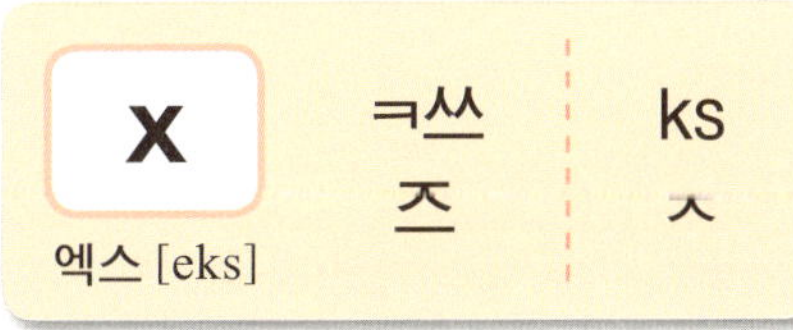

ks 소리가 나는, 우리말의 **ㅋㅆ** 같은 발음입니다. 간혹 단
어 처음에 와서 **ㅈ** 발음이 나기도 합니다.

예 ㅋㅆ *box [bɑks] **박쓰** 명 상자
     ㅈ   xylophone [záiləfòun] **자일러포운**
          명 실로폰

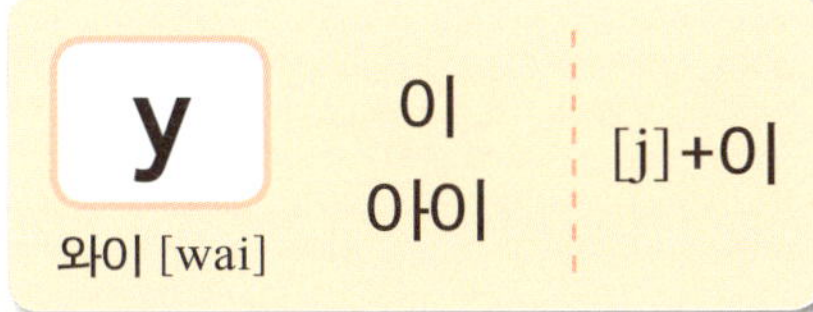

발음은 우리말의 **이** 혹은 **아이**와 같은 소리입니다. y로 시
작되는 단어는 앞에 짧은 반모음(영어에서는 반자음) **이**(j)
를 항상 첨가하여 발음하면 도움이 됩니다.

예 이   *yellow [jélou] **이옐로우** 명 노란색
   아이 *fly [flai] **플라이** 동 날다

위아래 이를 가볍게 마주 대고, 꿀벌이 날아다닐 때 나는
소리처럼 **즈** 하고 소리 냅니다. z는 유성음이므로 성대 부
분에 두 손가락을 대어 보면 떨리는 **ㅈ** 소리입니다.

예 zero [zíərou] **지어로우** 명 0, 제로

알파벳 단모음의 미국식 발음 방법 요약

모음-이름 우리말-소리 발음

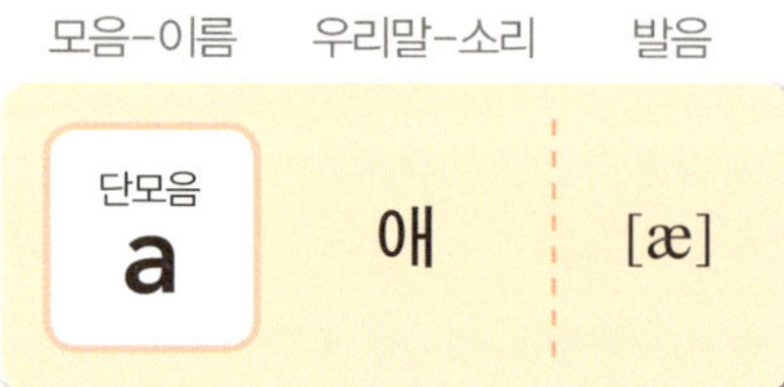

우리말의 **애**와 비슷한 발음으로, 소리가 혀 앞쪽에서 나는 앞모음입니다. 입을 'e(에)'보다 훨씬 크게 벌리고 발음합니다.

예 *apple [ǽpl] **애**플 명 사과

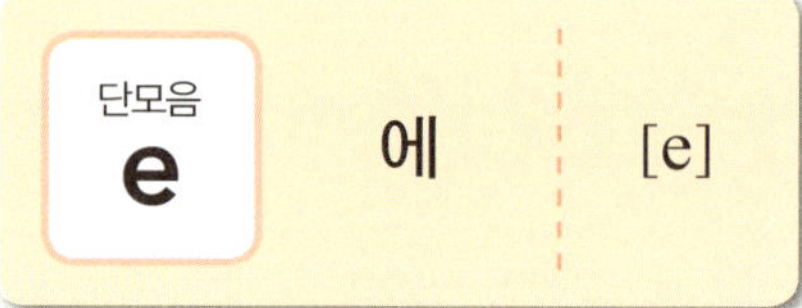

우리말의 **에**와 같은 발음으로, 입을 약간 벌려 짧게 발음하는 앞모음입니다.

예 *bed [bed] 벧 명 침대

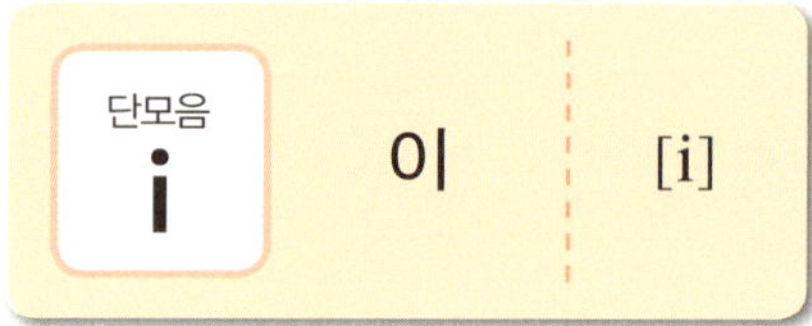

우리말의 **이**와 같은 발음으로, 짧게 발음하는 앞모음입니다.

예 *pig [pig] 픽 명 돼지

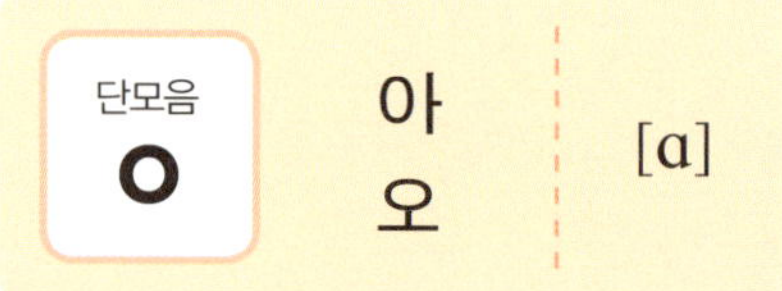

우리말의 **아**와 같은 정도로 입을 벌려 짧게 내는 소리입니다.

예 *hot [hɑt] 핱 형 뜨거운

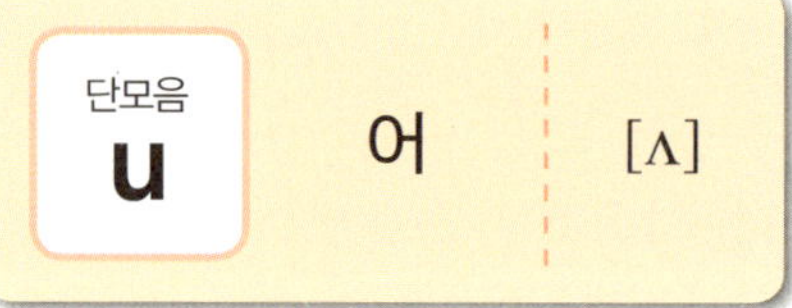

우리말의 **어**와 같은 발음으로, 입을 살짝만 벌려 짧게 발음합니다.

예 *sun [sʌn] 썬 명 태양

알파벳 장모음의 미국식 발음 방법 요약

모음-이름	우리말-소리	발음

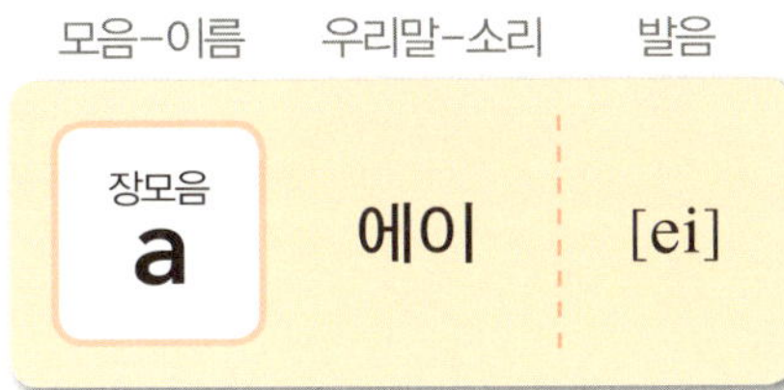

영어 알파벳 이름대로, 우리말의 **에이**로 발음하는 앞모음입니다.

예 game [geim] 게임 명 놀이

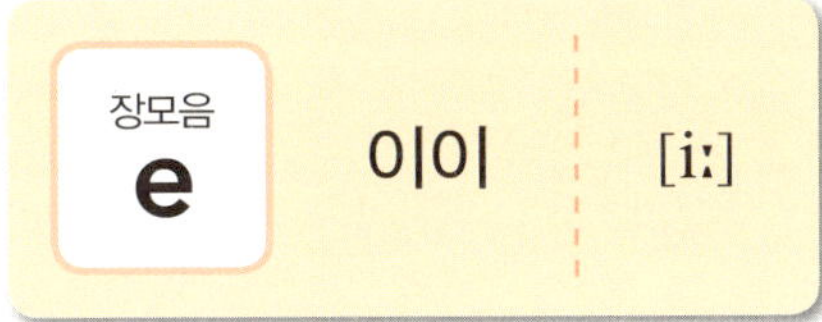

영어 알파벳 이름대로, 웃는 것처럼 입을 옆으로 길게 벌리고 턱에 힘이 들어간 상태에서 **이이**로 발음합니다.

예 *eat [i:t] 이잍 동 먹다

◆ 틀리기 쉬운 발음

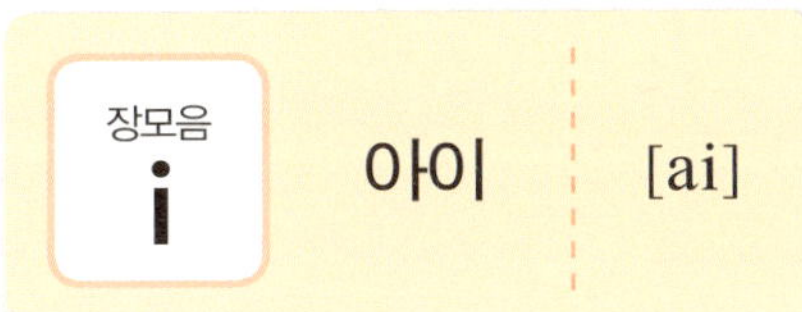

영어 알파벳 이름대로, 우리말의 **아이**로 발음합니다.

예 ice [ais] 아이쓰 명 얼음

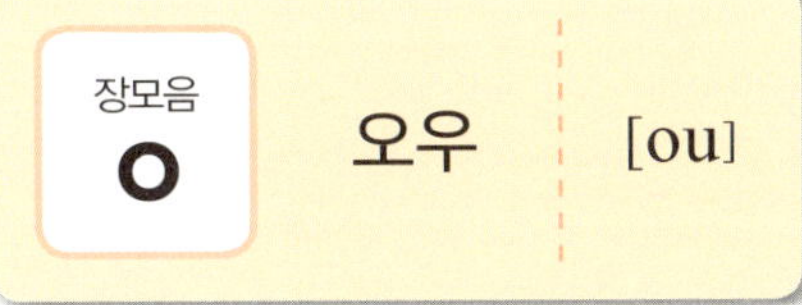

영어 알파벳 이름대로, 우리말의 **오우**로 발음하는 뒷모음입니다.

예 *gold [gould] 고울드 명 금

영어 알파벳 이름대로, 우리말의 **유-**나 **우-**로 발음하는 뒷모음입니다. 입술을 쭉 내밀고 오므린 상태에서 내는 소리입니다.

예 유- uniform [júːnəfɔ̀ːrm] 유-너포-ㄹ옴 명 제복

우- *blue [bluː] 블루- 명 청색

단모음과 장모음 발음 비교표

단모음 발음		장모음 발음
a 애	↔	a 에이
e 에	↔	e 이이
i 이	↔	i 아이
o 아/오	↔	o 오우
u 어	↔	u 유-/우-

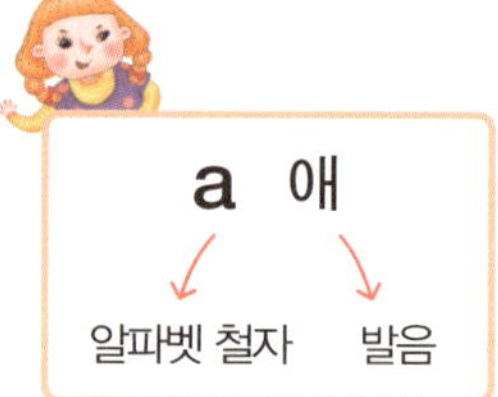

도표에서 보듯이 영단어의 모음 철자는 단모음일 때와 장모음일 때 각각 다르게 발음 됩니다. 장모음은 우리가 부르는 알파벳 이름 그대로 발음하면 됩니다. 하지만 단모음 발음은 달라지니 주의하세요.

a → 애[æ] 또는 에이[ei]   e → 에[e] 또는 이이[iː]   i → 이[i] 또는 아이[ai]

o → 아[ɑ] 또는 오우[ou]   u → 어[ʌ] 또는 유-[juː]나 우-[uː]

이 책을 공부하기 전에
꼭 알아두어야 할 사항!!

이 책을 공부하기 전에
꼭 알아두어야 할 사항!!

우리가 영어를 10년 이상 공부를 해도

미국인과 대화할 때 말이 잘 안 되고 못 알아듣는 주된 원인은 바로 **발음 문제**입니다.

 1 영어 발음은 단어마다 달라질 수 있다

한글이나 스페인어는 발음을 나타내는(phonetic: 표음식) 글자여서 쓰여진 대로 읽으면 되지만, 영어의 알파벳은 그 소리가 항상 일정하지 않습니다. 즉 쉽게 말해 한글의 **아**는 항상 **아** 발음이 나지만, 영어의 a는 그 발음이 단어마다 다를 수 있어 골치가 아픕니다. 그 예로, banana를 미국인들은 **버내너**라고 읽는답니다.

다시 말해, 영어 알파벳은 26개지만 그 발음 소리는 40개가 넘습니다. 그 말은 **한 글자가 한 발음만 나는 것이 아니다**라는 것입니다.

모국어(mother tongue: 어머니 말, 직역은 엄마 혀)라는 단어에서 보듯, 아기가 언어를 습득하는 방법은 엄마의 소리를 듣고 그것을 수천, 수만 번 따라하는 것입니다. 겨우 열 번, 스무 번 해보고 영어 못한다고, 어렵다고 포기하는 것은 너무나 어리석은 일입니다.

과장된 발음으로 접근하자

이 책에서는 처음 단어를 배우는 단계에 중점을 두었기 때문에, 약간 과장이 되더라도 원음에 가장 가까운 발음을 표기하려고 노력했습니다. 이처럼 처음에는 각 단어를 **과장된 발음** 또는 지나치다 싶은 발음으로 시작해서 점차 보통으로/약하게/빠르게 발음하게 된다고 생각하고 연습하세요. 그리고 단어가 아닌 문장으로 자주 말하거나 대화하다 보면, 점차 미국인들의 발음에 가까워지고 자연스런 발음이 될 것입니다.

예로, **Do you want to go?**(가고 싶어?)란 문장을 이 책대로 읽는다면

두 유 원트 투 고우?가 되지만 일상 생활 대화에서는

두 유 원터 고우?

드 유 워너 고?가 되고

드여너 고?까지도 된다는 것입니다.

다시 강조하지만 이 책의 '한글 발음 표기'는 미국 발음과 완전히 일치하지는 않지만 처음 영어를 배우는 사람들을 위한 것입니다. 또한 우리가 흔히 실수하는 발음이 무엇인지를 알고 스스로 고칠 수 있도록, 강조하거나 과장한 발음으로 표기한 것입니다. 열심히 계속 영어를 하다 보면 이처럼 과장되게 하지 않고도 자신 스스로가 맞는 발음을 터득하게 됩니다. 알파벳 발음은 앞뒤 글자의 영향을 받아 변하고, 단어도 문장에서의 앞뒤 단어의 관계나 강세로 발음이 변한다는 것을 기억하세요. 이 점은 한글도 마찬가지입니다.

단어의 정확한 발음은 단어에 표기한 국제음성기호 발음을 참조해주세요.

3 영어에는 단어에도 문장에도 강세가 있다

강세란 어떤 부분을 **강조하거나 강하게 발음하는** 것입니다.

한 단어 내에서 어떤 모음을 강하게 읽는 것,

한 문장에서 어떤 단어(들)을 세게 읽는 것을 말합니다.

이 책은 단어를 발음하는 방법을 익히기 위한 책이므로 **한 단어 내의 강세**를 다루고 있습니다.

따라서 이 책의 한글 발음 표기는 다음과 같이 구분하여 표시하였습니다.

> **큰 빨간** 활자 → 그 부분을 강하게 발음하라는 의미
>
> **초록색** 활자 → 실제 모음이 없으니 아주 약하게 발음하라는 의미
>
> **큰 검정** 활자 → 한 단어/표현에 하나 이상의 강세가 있을 때 제2강세를 의미함
>
>   (즉 큰 빨간 활자보다는 약하나, 보통 검정 활자보다는 센 발음을 뜻함)

예 exercise [éksərsàiz] **엘**써ㄹ싸이즈 **명** 운동, 훈련

 원어민이 알아들을 수 있는 발음을 하려면

우리의 영어 발음이 왜 원어민 귀에 이상하게 들리는지 설명해보겠습니다.

1 7:3(8:2)의 강세로 발음하자

우리는 단어를 말할 때 보통 강세 없이 5:5로 발음합니다. 예를 들어 '단어'라는 말을 할 때, '단'이나 '어' 어느 한 글자를 강조하지 않고 균등하게 말합니다. 하지만 영어의 경우 단어에 두 음절(모음) 이상이 있을 때, 7:3(또는 8:2) 정도로 차이를 주고 말함으로써 어떤 음절을 강조하게 됩니다. 예로 banana는 **버내너**입니다. 우리처럼 균등하게 **바나나/빠나나**(우리는 흔히 첫 음절을 강조)가 아니라, 둘째 음절 '애'를 강하게 말하고 첫째와 셋째를 약하게 하다 보니 **버내너**가 되는 것입니다.

2 실제 모음이 없으니 아주 약하게 발음하는 경우

우리가 또 잘 틀리는 발음 중에 kiss가 있습니다. **영어에서 이 단어는 단음절**입니다. 즉 모음이 하나인데, 우리는 영어에 없는 **으** 모음을 추가하여 '모음이 2개인 것'처럼 **키쓰**라고 쓰고 말합니다.

① **키쓰**　이처럼 '5:5로 발음하면 안 된다'는 것을 강조하고,

② **키쓰**　이처럼 '단어 끝에 모음이 없다'는 것을 보여주기 위해, 초록색으로 **쓰**로 표시하였습니다. 물론 발음 첫 글자가 초록색으로 표시되는 경우도 있습니다.

　　예 bird [bəːrd] 버-ㄹ드 명 새

　　ski [skiː] 스키-이 명 스키

3 **l 발음은 항상 '을'을 앞에 첨가하고, r 발음은 혀를 굴리자**

l과 r 발음은 우리가 잘 틀리는 발음입니다. 하지만 쉽게 고칠 수 있는 발음입니다. 쉽게 설명하자면, l은 **받침 ㄹ**처럼 발음하면 됩니다. 즉, 한글 '발음'의 받침 'ㄹ'처럼 발음하면 되고, r은 **초성 ㄹ**처럼 발음하면 됩니다. l은 혀끝이 윗니 뿌리 부분에 닿은 상태고, r은 혀가 입안 내부에 닿지 않는 'ㄹ' 발음입니다. 일부 재미 교포 중 이 차이를 강조하기 위해 다음과 같이 설명하는 사람들도 있습니다. 즉, l 발음은 항상 '을'을 앞에 첨가하고, r은 혀가 입안에 닿지 않는 상태에서 혀를 굴리면 쉽게 발음할 수 있다고 합니다.

예 *like [laik] 을라잌

radio [réidiòu] 뢰이디오우

한글 단어 중 **ㄹ**로 시작하는 단어는 모두 외래어입니다. 따라서 그것이 영어 철자로 l 인지 r인지 알아야 정확한 발음을 할 수 있습니다.

l 발음	r 발음
러브(*love) → 을러브	라디오(radio) → 뢰이디오우
라일락(lilac) → 을라일럭	레인지(range) → 뤠인즤
램프(lamp) → 을램프	리조트(resort) → 리조ㄹ트

---

*bear [bɛər] 베어ㄹ **명** 곰 에서 한글 발음 표기의 **ㄹ**은 **r 발음**이라는 것을 나타냅니다. 만약 l이라면 한글 발음 표기는 **베얼**이 될 것입니다. 이처럼 끝이나 단어 중간의 r 발음을 하는 것은 미국식이고, 하지 않는 것은 영국식 발음입니다.

4 ear와 year 발음의 차이

*ear [iə*r*] 이어 명 귀

*year [jiə*r*] 이|이여 명 1년

y 발음을 정확히 구분하려면, 앞에 짧은 반모음 (영어에선 반자음) 이(j)를 항상 첨가하면 도움이 됩니다.

'귀'를 말할 때는 이어, '1년'을 말할 때는 이|이여 입니다. 차이가 보이시죠?

5 eat과 it 발음의 차이

*eat [iːt] 이읻 동 먹다

*it [it] 읻 대 그것

두 단어 발음의 차이점은? eat은 장모음 이읻이고, it은 짧은 읻입니다.

6 nab과 nap 발음의 차이

nab [næb] 내앱 동 거머잡다

nap [næp] 냎 명 낮잠

◆ 원래는 냅인데, 내앱처럼 발음

같은 모음 뒤에 유성자음이 올 때는 무성자음이 올 때보다 그 모음을 약간 더 길게 발음하세요. 그러면 미국 원어민 발음도 잘 들리고, 그들도 잘 알아들어요.

유성음은 성대가 울리고(성대 부분에 손가락을 대보면 떨림이 있고), 무성음은 성대 울림이 없습니다.

◆ 자음 편 '유성음과 무성음' 참조   ◆ 추가 예는 Chapter 2 모음 Unit 4 달라지는 모음 길이 편에 있음

7 두 가지의 t 발음

t 발음에는 두 가지가 있습니다. **보통 t 발음**과 **강세가 없는 약한 t 발음**인데 이를 **flap(플랩)** t라고 합니다. 미국에서는 이 t 발음을 d, 더 나아가서는 r처럼 발음합니다.

◆ 추가 예는 Chapter 1 자음 Unit 6 평범한 자음 t 편 참조

8 [ə]와 [ʌ]의 발음 차이

① [ə]는 입과 턱에 자연스레 힘을 빼고 약하게 **어**라고 발음합니다.

　예　America [əmérikə] 어**메리커**　명 미국

② [ʌ]는 더 힘이 들어간 센 **어** 소리입니다.

　예　bus [bʌs] **버스**　명 버스

9 헷갈리는 [ɑ]와 [ɔ]의 발음　◆ Chapter 2 모음 Unit 3 닫힘과 열림 편

① 미국 지역에 따라 [ɑ]와 [ɔ]를 거의 같게 발음하기도 합니다.

　예　coffee [kɔ́:fi] **카**-피　명 커피

② [ɔ] 발음이 **오**와 **아**의 중간이라고 흔히 말합니다. 미국식 또는 영국식 발음에 따라 **아** 나 **오**로 발음하기도 합니다. **오**와 **아** 사이인데, 개인적으로는 **아** 쪽에 가깝게 발음하는 것이 미국식 원음에 더 가깝다고 여깁니다. 입을 위아래로 길죽하게 동그랗게 하고 (입 모양은 오인데) **아** 발음을 하세요.

　예　shopping mall [ʃápiŋ mɔ̀:l] **샤**핑 **모**올 (미국식)

　　　　　　　　　　　[ʃɔ́piŋ mɔ̀:l] **쇼**핑 **모**올 (영국식)

5 멍때리는 한마디

우리가 흔히 '콩글리쉬'라고 하는 표현들은 broken English(브로우큰 잉글리쉬)라고 말해야 합니다. 이렇게 단어의 의미도 정확히 모르고 잘못 사용하는 경우가 티브이, 광고, 노래 그리고 한국인끼리의 대화 등에 너무나 많습니다. 우리는 우리 나름의 습관이나 사고 방식대로 말하면서도 '영어니까 외국인이 당연히 알아듣겠지?'라고 생각하는데, 이것은 실수이자 착각입니다. 그들 표현대로라면 도대체 무슨 말인지 알아들을 수 없어, '멍때린다'라고 말합니다.

우리는 보통 '핸드폰'이라고 하죠? 이것 역시 잘못된 영어이며, 'cell phone'이라고 해야 합니다. 발음은 '쎌 포운'. 유럽 쪽에서는 'mobile phone(모바일 포운)'도 많이 사용합니다.

이런 잘못된 언어 습관들은 올바른 표현으로 고쳐나가야겠죠.

물론, 영어를 잘하기 위해 부끄러워하지 않고, 말하고, 듣고, 계속 노력을 하는 것은 중요합니다. 그렇지만 바르고 정확한 영어를 배우려면 새 단어나 낯선 표현을 접할 때마다 그냥 받아들이지 말고 반드시 사전이나 웹을 통해 확인하는 습관을 기르도록 하세요.

Chapter 1
자음

자음의 구성

자음은 21개입니다. 그 중 17개(b, d, f, h, j, k, l, m, n, p, r, s, t, v, w, y, z)는 평범한 자음입니다. 평범한 자음은 철자 그대로 한 가지 소리로 발음합니다. 즉 보통의 자음 17개는 '단어를 읽을 때 나는' 첫소리대로 읽으면 됩니다.

그런데 나머지 4개(c, g, q, x)의 자음은 예외적으로 특별한 변화를 합니다. 자음의 마무리 편에 그 변화에 대한 설명이 있습니다.

평범한 자음

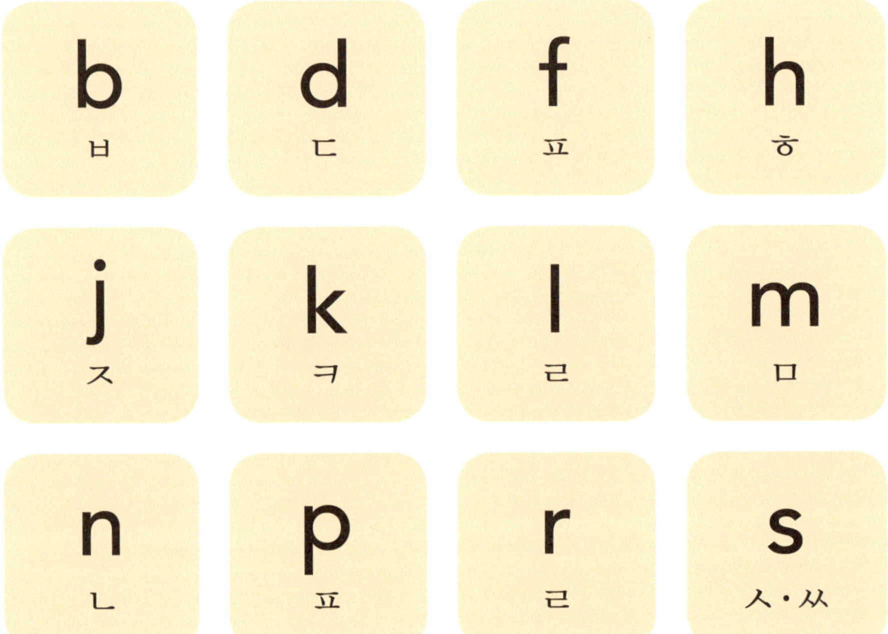

t	v	w	y
ㅌ	ㅂ	우	이·아이

z
ㅈ

c	g	q	x
ㅅ·ㅋ	ㄱ·ㅈ	쿠	ㅋ쓰·ㅈ

유성음과 무성음

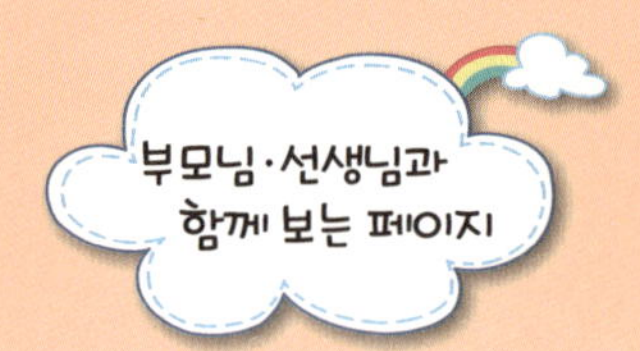

먼저 유성음과 무성음이 무엇인지를 알고, 그 차이를 이해하여 발음한다면, 듣기도 잘 되고 더 정확한 발음을 할 수가 있습니다.

발음을 할 때 성대가 울리면 유성음이고, 울리지 않으면 무성음입니다.

유성음에는 **모든 모음**과 b, d, g, j, v, z, ð, ʒ, dʒ, m, n, ng(ŋ), l, r, w, y 등이 있고, **무성음**에는 p, t, k, f, s, ʃ, tʃ, θ, h 등이 있지만, 여기에서는 서로 쌍을 이루는 대표적인 두 소리들을 비교, 연습하여 완전한 발음을 습득할 수 있도록 하겠습니다. 한 쌍 중의 하나는 유성음, 다른 하나는 무성음이란 걸 기억하세요. 발음할 때 성대 부분에 손가락 둘(인지와 중지)을 대고 떨림이 있는지 없는지를 느껴보세요. 참고로 처음에는 유성음 소리를 낼 때도 성대가 울리는 것을 못 느낄 수도 있고 또 제대로 발음하지 않아 성대가 울리지 않을 수도 있으니, 성대가 울리는 것을 느낄 수 있을 때까지 연습을 해야 합니다.

유성음	b	d	g	v	z	th(ð)
무성음	p	t	k	f	s	th(θ)

서로 상대가 되는 자음들을 한 쌍으로 묶어두었습니다. 각 쌍의 철자들은 같은 방식으로 발음하지만 하나는 유성음, 하나는 무성음입니다.

(발음 방법은 본문의 해당 철자에 설명되어 있습니다.)

유성음	↔	무성음
b 브	↔	p 프
d 드	↔	t 트
g 그	↔	k 크

유성음	↔	무성음
v 브	↔	f 프
z 즈	↔	s 스
th(ð) 드	↔	th(θ) 쓰

Unit 3 th(θ / ð) 발음

우리말에는 없는 발음 중 하나가 바로 th 발음입니다. 많은 사람들이 이 발음 때문에 고생을 하는데, 이번 기회에 정확히 알고 넘어가도록 하겠습니다. th 발음은 두 가지로 소리 나는데 θ와 ð입니다.

예로 think의 th는 θ 발음이고, the의 th는 ð 발음입니다.

θ 발음은 흔히 **쓰**라고 말하는데, 정확히 발음하는 방법은 먼저 혀를 내밀어 위아래 치아 사이에 살짝 대는 기분으로 윗니와 입술 사이로 바람을 내불듯이 **쓰** 하고 발음합니다. 무성음이므로 성대가 떨리지 않는다는 것을 기억하세요.

ð 발음은 흔히 **드**라고 말하는데, 정확히 발음하는 방법은 θ 발음과 마찬가지로 먼저 혀를 내밀어 이로 살짝 무는 기분으로 동력 드릴이 작동하는 소리처럼 **드** 하고 발음하세요. 유성음이므로 성대가 떨린다는 것을 기억하세요.

θ 발음과 ð 발음 모두 실제 말할 때는 위아래 치아 사이에서 혀를 뒤로 잡아당기는 기분으로 해당 음을 빨리 발음해야 합니다.

θ 발음은 s나 z 발음과 다르고, ð 발음은 d 발음과 다릅니다.

θ 발음	**ð 발음**

θ 발음

*__thank__ [θæŋk] 쌩크
동 감사하다

*__think__ [θiŋk] 씽크
동 생각하다

__fifth__ [fifθ] 핍쓰
형 제5의

ð 발음

*__the__ [ðə] 더
관 그

*__weather__ [wéðər] 웨더ㄹ
명 날씨

*__they__ [ðei] 데이
대 그들

ng(ŋ) 발음

한글의 **응**과 비슷한 소리로 입안 뒤쪽에서 소리를 냅니다. m과 n처럼 콧소리(비음)로, 발음할 때 코가 떨리는 것을 느낄 수 있습니다. 항상 영어 단어 중간이나 끝에만 오고 첫소리로는 사용되지 않습니다.

tʃ와 dʒ 발음

tʃ는 무성음이고, dʒ는 유성음입니다. 둘 다 입을 내밀어 발음합니다.

tʃ 발음 [무성음]		dʒ 발음 [유성음]
* **rich** [ritʃ] 리취 형 부유한	↔	**ridge** [ridʒ] 리쥐 명 산등성이
* **lunch** [lʌntʃ] 을런취 명 점심	↔	**lunge** [lʌndʒ] 을런쥐 동 돌진하다

평범한 자음

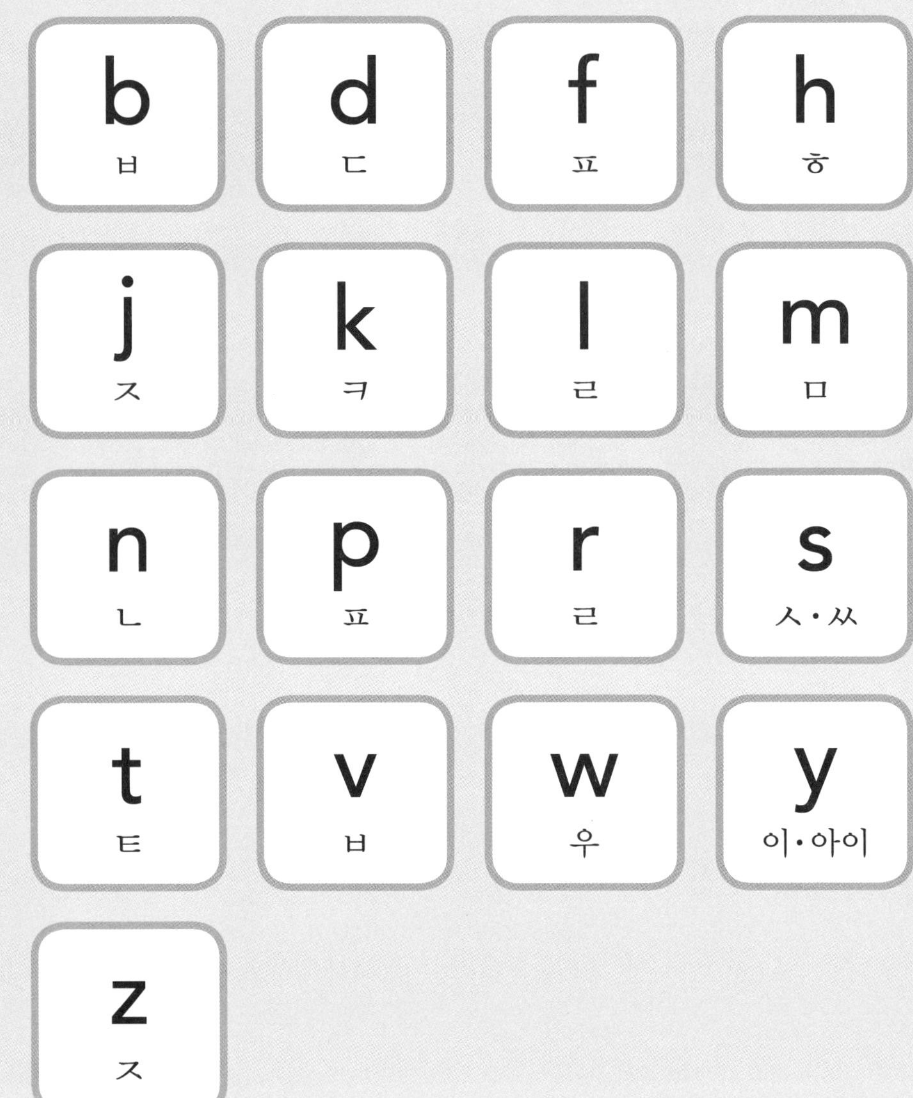

평범한 자음

b

ㅂ

영어 알파벳의 둘째 글자

b의 알파벳 이름은 **비이**[bi:]이고, 발음은 우리말의 **브**와 같은 소리입니다.

우리는 b와 v의 발음을 둘 다 **ㅂ**로 표기하지만 같은 발음은 아닙니다. b는 위아래 입술을 가볍게 붙인 상태에서 양 입술을 떼며 내는 **ㅂ** 소리입니다. 반면 v는 윗니로 아랫입술을 긁으며 내는 **ㅂ** 소리입니다.

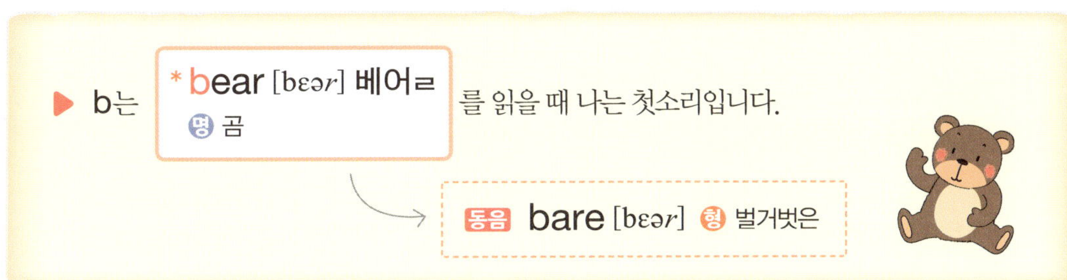

▶ b는 ***bear** [bɛər] **베어ㄹ** 명 곰 를 읽을 때 나는 첫소리입니다.

동음 **bare** [bɛər] 형 벌거벗은

b와 p의 발음할 때 차이점

p는 바람이 입 밖으로 나오고, b는 나오지 않습니다.

종잇조각을 입 앞에 대고 연습해보세요. p 발음을 할 때만 종이가 움직입니다.

pack [pæk] 팩
동 (짐을) 싸다 명 짐, 꾸러미

↔

***back** [bæk] 백
명 뒤

***cap** [kæp] 캪
명 모자

↔

cab [kæb] 캡
명 택시

다음은 **b**로 시작되는 단어들입니다.

banana [bənǽnə] 버내너
명 바나나

***bank** [bæŋk] 뱅크
명 은행 / 둑, 제방

***baby** [béibi] 베이비이
명 (보통 2세까지의) 아기

***bat** [bæt] 뱉
명 (야구) 배트 / 박쥐

***bed** [bed] 베드
명 침대

*ball

[bɔːl]
보올

명 공, 구(둥근 모양), (구기용) 볼

동음 bawl [bɔːl] 동 고함치다

*big

[big]
빅

형 (크기, 넓이, 높이, 수량, 규모 등이) 큰

*bird [bəːrd] 버-ㄹ드

명 새

*boat

[bout]
보웉

명 (ship보다 작은 소형 범선이나 모터보트 등의) 배

*book [buk] 북

명 책

*boy

[bɔi]
보이

명 (18세 미만의) 소년, 사내아이

bug [bʌg] 벅

명 (작은) 곤충, 벌레

d

ㄷ

영어 알파벳의 넷째 글자

d의 알파벳 이름은 **디이**[di:]이고, 발음은 우리말의 **드**와 같이 하는 유성음입니다. d는 t와 같은 방법으로 혀를 윗니 뿌리 부분에 붙인 상태에서 아래로 떨구며 **ㄷ** 발음을 합니다.

▶ d는 ***dog** [dɔ:g] 도옥
명 개
를 읽을 때 나는 첫소리입니다.

d와 t의 발음할 때 차이점

t는 바람이 입 밖으로 나오고, d는 나오지 않습니다.
종잇조각을 입 앞에 대고 연습해보세요. t 발음을 할 때만 종이가 움직입니다.

***time** [taim] **타임**
명 시간

↔

dime [daim] **다임**
명 다임(10센트짜리 동전)

 다음은 **d**로 시작되는 단어들입니다.

day
[dei]
데이

몡 하루, 날 / 낮

---

* desk [desk] 데스크

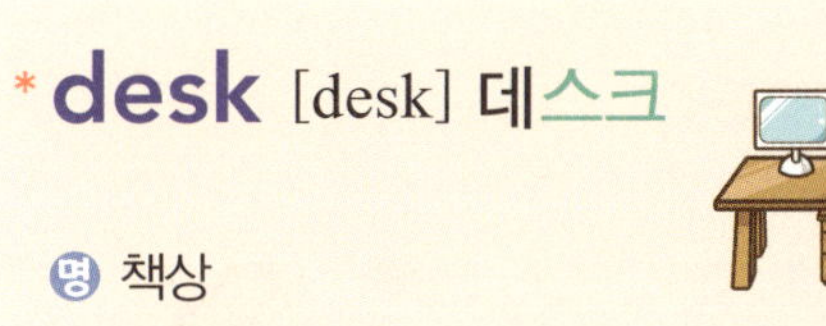

몡 책상

---

dig [dig] 딕

동 파(헤치)다

---

* doctor
[dáktər]
닥터ㄹ

몡 의사

---

* doll
[dal]
달

몡 인형
└ 사람을 닮은 장난감(toy)

---

* door [dɔːr] 도-어ㄹ

몡 문

---

* draw [drɔː] 드뤄-

동 끌다 / (선으로) 그리다, 스케치하다

---

dragon
[drǽgən]
드래건

몡 용
└ 이야기 속의 동물로, 불을 뿜고 날개와
　 비닐과 긴 꼬리가 있다.

*## **dream**
[dri:m]
드리-임

명 꿈 / 포부

*## **drink**
[driŋk]
드링크

동 마시다　명 음료

*## **drop** [drap] 드랖

동 (액체가) 떨어지다　명 (물)방울

*## **duck** [dʌk] 덕

명 오리

f

프

영어 알파벳의 여섯째 글자

f의 알파벳 이름은 에프 [ef]입니다. 우리말에는 없지만, 우리말의 프와 비슷한 소리입니다. 윗니를 아랫입술에 가볍게 대고 뒤의 자음 부분인 ㅍ만 소리 냅니다.

보통 p와 f의 발음 표기는 모두 ㅍ로 하지만 같은 발음은 아닙니다. p는 위아래 입술을 붙인 상태에서 양 입술을 떼며 내는 ㅍ 소리인 반면, f는 윗니로 아랫입술을 긁으며 내는 ㅍ 소리입니다.

다음은 f로 시작되는 단어들입니다.

*fan [fæn] 팬

명 선풍기, 부채 / 팬(열광적인 지지자)

*father [fàːðər] 파-더ㄹ

명 아버지

fire [faiər] 파이어ㄹ 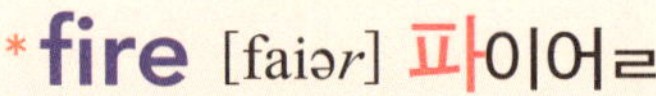

명 불, 화재

five [faiv] 파이브

명 5 형 5명[개]의

fish [fiʃ] 피쉬 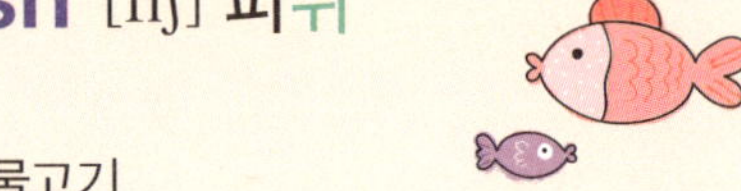

명 물고기

flower [fláuər] 플라우어ㄹ 

명 꽃 동 꽃을 피우다

동음 flour [fláuər] 명 밀가루

fly [flai] 플라이

명 파리 동 (새, 곤충 등이) 날다

fork [fɔːrk] 포-ㄹ크

명 (식사용, 농업용) 포크 동 포크로 찌르다

food [fuːd] 푸-드 

명 음식

foot [fut] 풑 

명 발

frog [frɔːg, frɑg] 프라-그, 프롹 

명 개구리

fox [fɑks] 팍쓰 

명 여우

h

ㅎ

영어 알파벳의 여덟째 글자

h의 알파벳 이름은 **에이취** [eitʃ]이고, 우리말의 **흐**처럼 발음 되는 무성음입니다.

숨소리라고 생각하면 됩니다. h는 단어 처음이나 중간에만 오고, 끝에 오는 경우는 없습니다.

▶ h는  *hand [hænd] 핸드
명 손
를 읽을 때 나는 첫소리입니다.

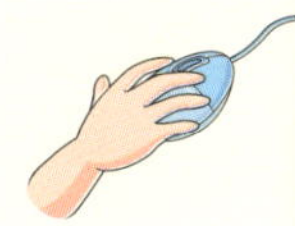

다음은 **h**로 시작되는 단어들입니다.

*hair
[hɛər]
헤어ㄹ

명 머리털

동음 hare [hɛər] 명 산토끼

ham [hæm] 햄

명 햄 [소금절이[훈제] 돼지고기]

hammer [hǽmər] 해머ㄹ

명 망치 동 망치로 두드리다

hamster
[hǽmstər]
햄스터ㄹ

명 햄스터
└ 털이 부드러우며 먹이를 운반하기 위한
큰 볼주머니가 있는 작은 동물

hamburger
[hǽmbə̀ːrgər]
햄버-거ㄹ

명 햄버거
└ 고기를 갈아서 만든 동글납작한 조각을
bun(햄버거용 둥근 빵)에 끼워 만든 음식

*hat
[hæt]
햍

명 (테가 있는) 모자

honey
[hʌ́ni]
허니

명 벌꿀 형 벌꿀의

hippo
[hípou]
히포우

명 하마
└ 열대지방의 강이나 호수에 사는 크고 사나운 동물. hippo는 hippopotamus [hìpəpátəməs]를 줄인 말.

horse [hɔːrs] 호-ㄹ쓰

명 말

house [haus] 하우스

명 집

j

ㅈ

영어 알파벳의 열째 글자

j의 알파벳 이름은 **제이**[dʒei]이고, 발음은 우리말의 ㅈ와 비슷한 소리입니다.

정확한 소리를 내기 위해 r처럼 중모음화하여 발음을 하기도 하고 세게 발음하기도 합니다. 입술을 앞으로 내민다고 생각하며 발음해보세요.

입술을 내밀고 발음해보세요

점프 → 쥠프	젤리 → 쥏리	재킷 → 좨킽
점퍼 → 쥠퍼	정글 → 쥉글	

예 *jump [dʒʌmp] 쥠프 동 뛰다　　점프(✕) 쥠프(○)

예 jelly [dʒéli] 쥏리 명 젤리　　젤리(✕) 쥏리(○)

다음은 **j**로 시작되는 단어들입니다.

jam
[dʒæm]
잼

명 잼
ㄴ 과일과 설탕을 끓여 만든, 걸쭉하고 달콤한 음식

jelly
[dʒéli]
젤리

명 젤리
ㄴ 과일과 설탕을 끓여 만든, 반고체 형태의 부드러운 음식

jacket
[dʒǽkit]
재킽

명 재킷
ㄴ 앞이 터지고 소매가 달린 짧은 웃옷

jar
[dʒɑːr]
좌-ㄹ

명 (유리나 질그릇의 아가리가 넓은) 병, 단지

jean
[dʒiːn]
쥐인

명 진(바지)

jet [dʒet] 젵

명 (액체, 가스의) 분출/제트기

jeep [dʒiːp] 쥐-잎

명 지프, (4륜 구동의) 경자동차

jewel [dʒúːəl] 쥬-얼

명 보석

juice [dʒuːs] 쥬-쓰

명 (과일이나 채소의) 즙, 주스

jumper
[dʒʌ́mpər]
쥠퍼ㄹ

명 잠바, 스웨터, (칼라나 소매가 없는) 드레스
└ 드레스(dress) → 여성이나 아동의 원피
스. 우리말에서는 원래의 뜻에서 멀어져
'특별한 용도의 격식을 차린 옷'을 가리키
는 말로 쓰임.

jungle
[dʒʌ́ŋgl]
정글

명 (열대의) 밀림, 정글

k

ㅋ

영어 알파벳의 열한째 글자

k의 알파벳 이름은 케이[kei]이고, 발음은 우리말의 ㅋ와 같은 무성음입니다. 혀의 뒷부분이 입천장 뒤쪽의 연한 부분에 붙어서 공기의 흐름을 막았다가 열면서 ㅋ 하고 발음합니다.

▶ k는 ***king** [kiŋ] 킹
명 왕
이라는 단어를 읽을 때 나는 첫소리입니다. 

 ## k와 g의 발음할 때 차이점

k는 바람이 입 밖으로 나오고, g는 나오지 않습니다.
종잇조각을 입 앞에 대고 연습해보세요. k 발음을 할 때만 종이가 움직입니다.

came [keim] 케임
동 come(오다)의 과거형

 ↔

game [geim] 게임
명 놀이

다음은 **k**로 시작되는 단어들입니다.

kangaroo

[kǽŋgərúː]

캥거**루**-

명 캥거루

ketchup [kétʃəp] 케첩

명 케첩 (토마토로 만든 소스 종류)

*key [kiː] 키-

명 열쇠 / 실마리

*kid

[kid]

키드

명 (1세 미만의) 새끼 염소 / 어린이

kiss

[kis]

키쓰

명 키스
└ 인사, 환영, 애정, 경의, 복종 등의 표시에
　사용

*kick [kik] 킥

동 (걷어) 차다

*kitchen

[kítʃən]

키췬

명 부엌

kite [kait] 카잍

명 연

*knife [naif] 나이프

명 주머니칼, 나이프

*knee [ni:] 니-

명 무릎

*knock
[nak]
낙

동 (문, 창문 등을) 똑똑 두드리다, 노크하다

koala
[kouá:lə]
코우알-러

명 코알라
ㄴ 호주의, 나무 위에 사는 동물

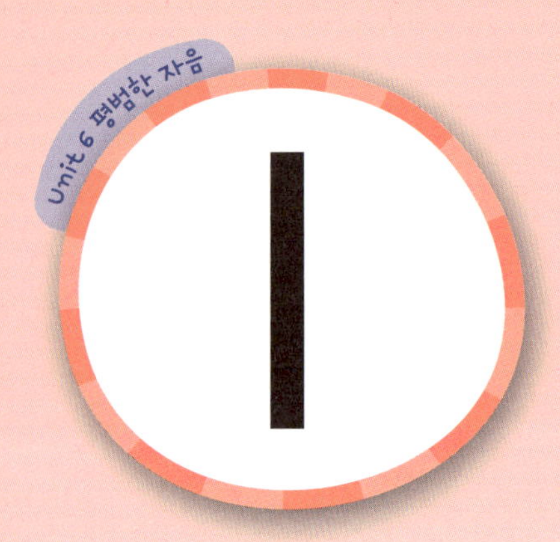

ㄹ

영어 알파벳의 열두째 글자

l의 알파벳 이름은 **엘**[el]이고, 발음은 우리말의 **르**와 같은 소리입니다. 혀끝을 입천장이 아닌 윗앞니 뿌리 부분에 살짝 대고 **ㄹ** 소리를 냅니다. 한글의 받침 **ㄹ**처럼 생각하면 되고, l 발음을 할 때는 항상 앞에 **을**을 첨가해서 연습하세요.

▶ l은 ***lion** [láiən] **을라**이언 을 읽을 때 나는 첫소리입니다.
　　　 명 사자

 다음은 **l**로 시작되는 단어들입니다.

lamp [læmp] 을**램**프

명 등, 램프

***lamb** [læm] 을**램**

명 새끼 양

ladybug

[léidibÀg]

을레이디벅

명 무당벌레
└ 작고 날 수 있으며, 둥글고 붉은 등에 검은 점이 있다.

* left [left] 을레프트

명 왼쪽, 왼손

* letter [létər] 을레터-ㄹ

명 편지, 글자

* line

[lain]

을라인

명 (펜, 연필 등으로 그은) 선, (똑바로 늘어선) 줄

* lake [leik] 을레잌

명 호수, 연못

lemon [lémən] 을레먼

명 레몬

* leg [leg] 을렉

명 다리 (hip부터 발목까지)

* light [lait] 을라잍

명 (불)빛, 광선, 햇빛

* lip [lip] 을맆

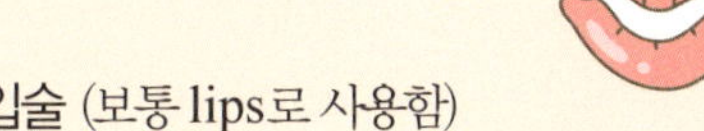

명 입술 (보통 lips로 사용함)

* love [lʌv] 을러브

명 사랑, 애정

ㅁ

영어 알파벳의 열셋째 글자

m의 알파벳 이름은 엠[em]이고, 발음은 우리말의 ㅁ와 같은 소리로 두 입술을 막는 콧소리(비음)입니다.
발음할 때, 입을 막고 코를 통해 음 하고 소리를 내면 코가 떨리는 것을 느낄 수 있습니다. 알파벳 이름의 받침 부분 즉, ㅁ만을 발음합니다.

▶ m은   *milk [milk] 밀크   명 우유   를 읽을 때 나는 첫소리입니다.

*mail
[meil]
메일

명 우편물, 우편 (제도)

> 동음 **male** [meil]
> 명 남성 [수컷] 형 남재[수컷]의

magic [mǽdʒik] 매직

명 마술, 마법

mask [mæsk] 매스크

명 (얼굴 보호, 변장용) 마스크

mark [maːrk] 마-ㄹ크

명 표시, 상표 / 반점

*mirror [mírər] 미러ㄹ

명 거울, 반사경

*monkey [mʌ́ŋki] 멍키

명 원숭이

*moon [muːn] 무-운

명 달

*mother [mʌ́ðər] 마더ㄹ

명 어머니

*mouse [maus] 마우스

명 생쥐 / (컴퓨터) 마우스

mud [mʌd] 머드

명 진흙

*music [mjúːzik] 뮤-직

명 음악, 악곡

n

ㄴ

영어 알파벳의 열넷째 글자

n의 알파벳 이름은 **엔**[en]이고, 발음은 우리말의 **느**와 같은 소리로 콧소리(비음)입니다. 혀끝을 윗잇몸에 대고 내는 ㄴ 소리입니다.

▶ n은 ***night** [nait] **나잍**
명 밤
을 읽을 때 나는 첫소리입니다.

name [neim] 네임

명 이름

neck [nek] 넥

명 (인간, 동물의) 목

needle [níːdl] 니-들

명 (바느질용) 바늘

net [net] 넽

명 그물

nest
[nest]
네스트

명 (새의) 둥지, (곤충, 어류, 오리, 토끼 등의) 보금자리

nine [nain] 나인

명 9 형 9의

north [nɔːrθ] 노-ㄹ쓰

명 북, 북쪽

nose
[nouz]
노우즈

명 코

동음 **knows** [nouz]
동 *know(알다)의 3인칭 단수 현재형

note
[nout]
노웉

명 메모, 간단한 기록, 주석
└ 어떤 내용을 기록하는 필기장을 뜻하는 우리말의 '노트'는 notebook임.

*number

[nʌ́mbər]

넘버ㄹ

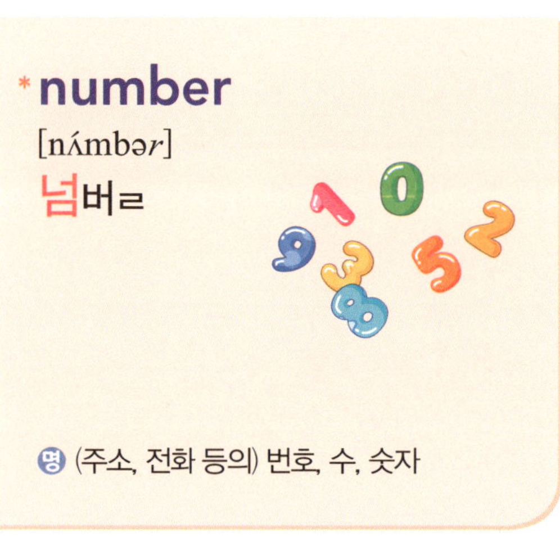

명 (주소, 전화 등의) 번호, 수, 숫자

nut

[nʌt]

넡

명 견과 (호두, 밤 등 딱딱한 과피의 나무 열매) /
너트 (암나사)

p

ㅍ

영어 알파벳의 열여섯째 글자

p의 알파벳 이름은 **피이** [pi:]이고, 발음은 우리말의 **프**와 같은 소리입니다.

보통 p와 f의 발음 표기는 모두 **ㅍ**로 표기하지만, 같은 발음은 아닙니다. f는 윗니로 아랫입술을 긁는 **ㅍ** 소리인 반면, p는 위아래 입술을 붙인 상태에서 양 입술을 떼며 내는 **ㅍ** 소리입니다.

▶ p는   *paper [péipər] **페**이퍼ㄹ   명 종이   를 읽을 때 나는 첫소리입니다.

p는 바람이 입 밖으로 나오고, b는 나오지 않습니다.

종이 조각을 입 앞에 대고 연습해보세요. p 발음을 할 때만 종이가 움직입니다.

pack [pæk] 팩
동 (짐을) 싸다 명 짐, 꾸러미

↔

***back** [bæk] 백
명 뒤

***cap** [kæp] 캪
명 모자

↔

cab [kæb] 캡
명 택시

 다음은 **p**로 시작되는 단어들입니다.

***paint** [peint] 페인트
명 페인트, 그림물감

pan [pæn] 팬
명 (한쪽에 자루가 달린, 납작한) 냄비

***park** [pɑːrk] 파-ㄹ크
명 공원 동 주차하다

pajamas
[pədʒáːməz]
퍼좌-머즈

명 파자마
ㄴ 잠잘 때 입는 느슨한 셔츠와 바지, 잠옷

nightgown 나읻가운 주로 여성, 어린이용의 헐렁하고 긴 잠옷
nightshirt 나읻셔츠 (주로 남자용) 잠옷용 셔츠 bathrobe 배쓰로읍 목욕 전후에 입는 목욕 가운

panda

[pǽndə]
팬더

명 판다
 ∟ 중국에 서식하며 희고 검은 털이 특징적으로 나 있는 곰처럼 생긴 포유류

pea

[pi:]
피-

명 완두(콩)

*pencil [pénsəl] 펜슬

명 연필

penguin

[péŋgwin]
펭귄

명 펭귄
 ∟ 등 쪽의 털은 검은색, 배 쪽은 흰색인 조류. 날개가 있으나 날지 못해 육지에서는 걷고 물 속에서는 헤엄을 치며 생활한다. 주로 남극에 분포함.

puzzle [pʌ́zl] 퍼즐

명 수수께끼, 퍼즐

popcorn

[pápkɔ̀:rn]
팝코-ㄹ온

명 팝콘

*present

[prizént]
프리젠트

동 선물하다

r

ㄹ

영어 알파벳의 열여덟째 글자

r의 알파벳 이름은 **아-ㄹ** [ɑːr]입니다. **r**은 우리말에 없는 발음입니다. 편의상 우리말의 **르**로 소리 난다고 하지만, **l**과 구분이 잘 안 되므로 다음과 같이 연습하면 **r** 발음을 예쁘게 낼 수 있습니다. 입술을 동그랗게 모아 **우** 모양을 만든 후 **부릉 부릉** 하고 차 시동 걸 때 나는 소리를 내봅니다. **r** 발음은 **부릉** 할 때 **르**의 시작 소리와 같습니다.

r은 한글의 초성 **ㄹ**처럼 생각하면 됩니다. **r** 발음을 할 때 혀가 입 내부에 닿지 않고 뒤로 당긴다는 기분으로 하세요. 연습하기 위해 처음에는 **r**을 일부러 중모음처럼 (혀를 굴려) 발음하기도 합니다.

> **예** ***run** [rʌn] **뤈** **동** 달리다
>
> → 입술 모양을 우로 만든 후, 혀를 뒤로 당기며 **뤈**으로 발음합니다.

 다음은 **r**로 시작되는 단어들입니다.

*rainbow
[réinbòu]
뢰인보우

명 무지개
└ 햇빛이 공중에 분산되어 있는 빗방울(수증기)을 통과하여 굴절될 때 곡선 모양의 일곱 가지 빛깔로 나타나는 현상

radio
[réidiòu]
뢰이디오우

명 라디오, 라디오 방송

rake [reik] 뢰익
명 갈퀴 (나뭇잎이나 풀을 긁어 모으기나, 흙을 고르는 데 사용하는 도구)

rat
[ræt]
뢥

명 쥐
└ mouse(생쥐)보다 크고 꼬리가 길며 날카로운 이빨이 있다.

ribbon [ríbən] **리**번
명 리본, 띠

*ride
[raid]
롸이드

동 (말, 자전거, 버스 등을) 타다

*right
[rait]
롸잍

형 옳은, 바른

동음 write [rait] 동 쓰다

*__river__
[rívər]
리버ㄹ

명 강, 하천

*__rock__
[rɑk]
롹

명 바위

*__room__ [ruːm] 루움

명 방

__rope__ [roup] 뤄웊

명 밧줄

S

ㅅ ㅆ

영어 알파벳의 열아홉째 글자

s의 알파벳 이름은 **에쓰** [es]입니다. 혀끝과 윗니 뿌리 사이에서 내는 마찰음으로, 알파벳 이름 **에쓰**에서 **에**를 빼고 뒤에 나오는 **스**나 **쓰**만 발음합니다.

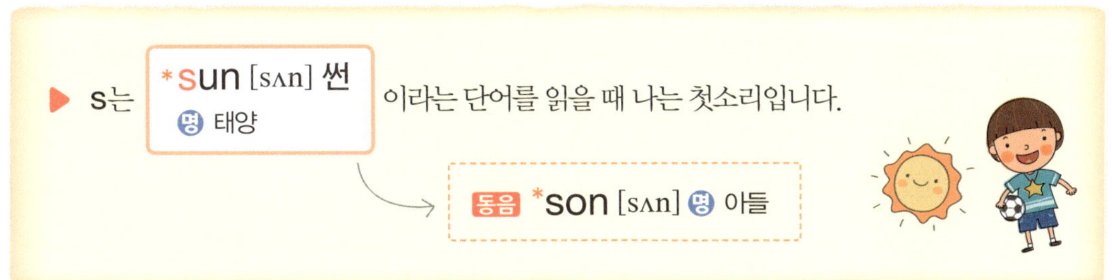

▶ s는 *sun [sʌn] 썬 명 태양 이라는 단어를 읽을 때 나는 첫소리입니다.

동음 *son [sʌn] 명 아들

salad
[sǽləd]
샐러드

명 샐러드
└ 보통 가공하지 않은 채소를 주재료로 하여 섞고 드레싱하는 음식

* salt [sɔːlt] 쏠-트

명 소금

sand [sænd] 샌드

명 모래

sandwich
[sǽndwitʃ]
샌드위**취**

명 샌드위치
└ 둘 또는 둘 이상의 빵 조각 사이에 치즈, 고기, 채소류 등을 넣어 만든 음식

* scissors
[sízərz]
씨저ㄹ즈

명 가위

* sea
[siː]
씨-

명 바다

동음 **see** [siː] 동 보다

seesaw
[síːsɔ̀ː]
씨-소-

명 시소
└ 길다란 널빤지 중간에 균형을 잡고 마주 보는 한쪽 끝의 사람이 올라가면 반대편 끝이 내려오는 놀이 또는 기구

shadow [ʃǽdou] 쇄도우

명 그림자

sheep [ʃiːp] 쉬잎

명 양

shell [ʃel] 쉘

명 (조개, 알, 열매, 씨 등의) 껍질

sing [siŋ] 씽

동 노래하다, 지저귀다

ski
[skiː]
스키-

명 스키
ㄴ 눈 위를 지치기 위한 좁고 길고 편평한 기구. 플라스틱, 나무, 금속으로 만든다.

skate [skeit] 스케잍

명 스케이트 구두 (보통 skates)

snow [snou] 스노우

명 눈

soup [suːp] 수웊

명 수프 (채소나 고기로 만든 뜨거운 액체 음식)

stream [striːm] 스트리임

명 시내, 개울

swan [swɑn] 스완

명 백조

swing [swiŋ] 스윙

명 그네

t

ㅌ

영어 알파벳의 스무째 글자

t의 알파벳 이름은 **티이** [ti:]이고, 발음은 우리말의 **ㅌ**와 같은 무성음입니다.

t 발음은 d와 같은 방법으로, 혀를 윗니 뿌리 부분에 붙인 상태에서 아래로 떨구며 **ㅌ**로 소리 냅니다.

▶ t는　***tiger** [táigər] **타**이거ㄹ　
명 호랑이　　를 읽을 때 나는 첫소리입니다.

한 번 더, t와 d의 발음할 때 차이점

t는 바람이 입 밖으로 나오고, d는 나오지 않습니다.

종잇조각을 입 앞에 대고 연습해보세요. t 발음을 할 때만 종이가 움직입니다.

*__t__ime [taim] 타임		__d__ime [daim] 다임
명 시간	↔	명 다임(10센트짜리 동전)

t 발음에는 두 가지가 있습니다.

보통 t 발음과 **강세가 없는 약한 t 발음**인데 이를 flap(플랩) t라고 하며 고급 과정입니다. 미국에서는 이 t 발음을 d, 더 나아가서는 r처럼 발음합니다.

다음은 **t**로 시작되는 단어들입니다.

---

table [téibl] 테이블

명 탁자, 식탁

---

team [tiːm] 티임

명 팀, 조

---

tear [tiər] 티어ㄹ

명 눈물

---

time [taim] 타임

명 시간, 때, 시대

동음 **thyme** [taim]
명 백리향, 타임 (향신료)

---

ticket [tíkit] 티킽

명 표, 입장권, 정가표

---

tail [teil] 테일

명 (동물의) 꼬리, 꽁지

동음 **tale** [teil] 명 이야기

---

tent [tent] 텐트

명 천막, 텐트

---

toad [toud] 토우드

명 두꺼비
└ 개구리와 비슷하나 더 크고, 더 건조하고 꺼칠한 피부의 양서류. 대부분 습한 곳에서 생활한다.

---

towel [táuəl] 타우얼

명 타월, 수건

tomato
[təméitou]
터메이토우

명 토마토

---

*triangle
[tráiæŋgl]
트롸이앵글

명 삼각형, 트라이앵글

---

twin [twin] 트윈
명 쌍둥이
형 한 쌍의, 쌍둥이의

---

*toy [tɔi] 토이

명 장난감

---

*train [trein] 트뢰인

명 열차, 기차

---

*tree [tri:] 트리-

명 나무

---

tunnel [tʌ́nl] 터늘

명 터널, 굴, 지하도

V

ㅂ

영어 알파벳의 스물두째 글자

v의 알파벳 이름은 브이[vi:]인데, 우리말에는 없는 발음으로 브 소리를 냅니다.

우리는 b와 v의 발음을 둘 다 ㅂ로 표기하지만, 같은 발음은 아닙니다. b는 위아래 입술을 붙인 상태에서 양 입술을 떼며 내는 ㅂ 소리입니다. 반면 v는 윗니로 아랫입술을 긁으며 내는 ㅂ 소리입니다.

 다음은 **V**로 시작되는 단어들입니다.

vase [veis] 베이스

명 꽃병

vest [vest] 베스트

명 조끼

*__**vegetable**__
[védʒtəbl]
베지터블

명 채소

violin
[vàiəlín]
바이얼린

명 바이올린

valley
[væli]
밸리

명 계곡
┗ 두 산 사이의 계곡을 말하는데, 보통 강이나 그보다 작은 시내가 흐르는 골짜기를 포함한 말임.

village [vílidʒ] 빌리쥐

명 마을

vine [vain] 바인

명 덩굴, 포도나무

*__**voice**__
[vɔis]
보이스

명 목소리, (새 등의) 울음소리

W

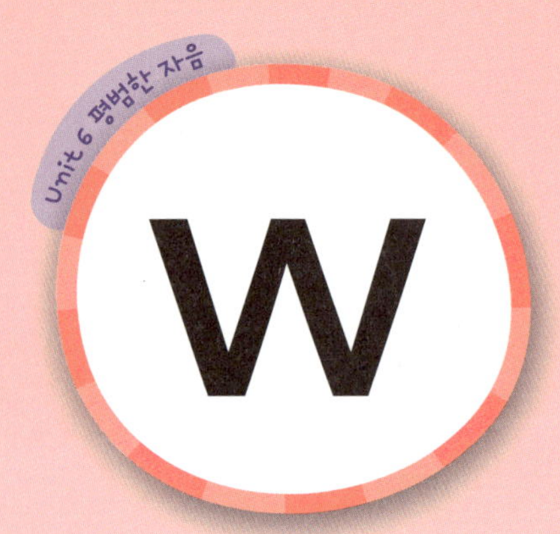

우

영어 알파벳의 스물셋째 글자 (반모음자)

이렇게 발음해요!

w의 알파벳 이름은 **더블유** [dʌ́bljùː]이고, 발음은 우리말의 **우**와 같은 소리입니다. **w** 뒤에 이어지는 모음보다 혀가 뒤로 높이 쏠린 위치에서 곧 다음 모음으로 이동합니다. 발음하는 방법은 항상 입을 동그랗게 (오므려) 내민 상태에서 시작한다는 것만 기억하세요.

▶ w는 *wind [wind] 윈드 를 읽을 때 나는 첫소리입니다.
　　　　명 바람

다음은 **W**로 시작되는 단어들입니다.

*walk [wɔːk] 워-크
　동 걷다, 걸어가다
　명 걷기, 산책

*warm [wɔːrm] 워-ㄹ엄
　형 따뜻한

* **watch**
[watʃ]
와취

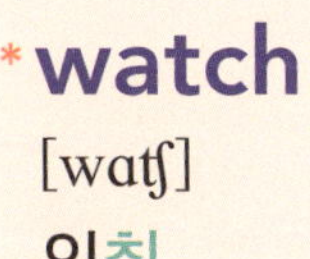

명 손목[회중]시계 동 지켜보다, 관찰하다
└ 가지고 다닐 수 없는 벽시계나 탁상시계는
clock[klak] 클락

* **watermelon**
[wɔ́:tərmèlən]
워-터ㄹ멜런

명 수박

* **window** [wíndou] 윈도우

명 창(문)

* **winter** [wíntər] 윈터ㄹ

명 겨울(철)

* **water** [wɔ́:tər] 워-터ㄹ

명 물

wave [weiv] 웨이브

명 물결, 파도

* **west** [west] 웨스트

명 서(쪽), 서부

whale [weil] 웨일

명 고래

* **wood**
[wud]
우드

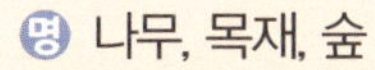

명 나무, 목재, 숲

동음 **would** [wud]
조 ~일 것이다(will의 과거형)

y

이 아이

영어 알파벳의 스물다섯째 글자 (반모음자)

y의 알파벳 이름은 **와이**[wai]이고, 발음은 우리말의 **이** 혹은 **아이**와 같은 소리입니다.

y 뒤에 이어지는 모음보다 혀가 앞으로 높이 쏠린 위치에서 출발하여 곧 다음 모음으로 이동합니다. 정확하세 발음하기 위해 앞에 짧은 반모음(영어에서는 반자음) **이**[j]를 항상 첨가하면 도움이 됩니다.

즉,
귀는 *ear [iər] 이어
1년은 *year [jiər] 이이어

차이가 보이죠?

▶ y는   *yellow [jélou] 이옐로우
명 노란색
를 읽을 때 나는 첫소리입니다.

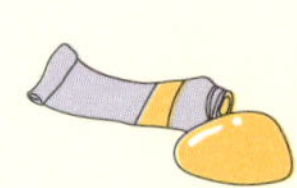

 다음은 **y**가 우리말의 이로 소리나는 단어들입니다.

yacht
[jat]
이얕

명 요트, (경주용) 소형 범선, 호화 유람선

yard
[jɑːrd]
이야-ㄹ드

명 뒤뜰, 마당 / 야드(길이의 단위. 1야드 = 0.914m = 3피트 = 36인치)

yahoo [jáːhuː] 이야-후-

감 야호, 와   명 무례한 사람, 시골뜨기

yawn [jɔːn] 이야안

동 하품하다

yell [jel] 이엘

동 고함치다, 외치다

*yes [jes] 이예스

부 예, 그렇습니다

*yesterday
[jéstərdèi]
이에스터ㄹ데이

명 어제

yip [jip] 이잎

동 깽깽거리다

*young [jʌŋ] 이영

형 젊은, 어린

Yoo! Hoo!
[júːhùː]
이유-후-

② 야호, 영차

yummy
[jʌ́mi]
이여미

형 맛있는, 굉장한

 다음은 **y**가 우리말의 **아이**로 소리나는 단어들입니다.

*cry
[krai]
크롸이

동 울다, 소리치다

*dry [drai] 드롸이

동 마르다

*fly [flai] 플라이

동 날다

Z

ㅈ

영어 알파벳의 스물여섯째 글자

z의 알파벳 이름은 **지**[zi:]이고, 발음은 편의상 **즈**라고 하지만 우리말에 없는 발음입니다.

z는 윗니와 아랫니를 가볍게 마주 대고, 꿀벌이 날아다닐 때 나는 소리처럼 **ㅈ** 하고 소리 내면 됩니다. 우리가 알파벳 이름으로 흔히 말하는 **젵**은 영국식이며, **즈**는 미국식 발음입니다.

중요한 것은 **j**는 그냥 **ㅈ**이지만, **z**는 유성음이므로 항상 떨리는 **ㅈ** 소리로 발음해야 한다는 것입니다. 유성음인지 아닌지 아는 방법은 성대 부분에 손가락을 대고 떨림을 느끼는 것입니다.

예 buzz [bʌz] 버즈 **명** (기계나 벌 등의) 윙윙 소리

다음은 **z**로 시작되는 단어들입니다.

***zebra** [zíːbrə] **지**-브러

명 얼룩말

zero [zíərou] **지**어로우

명 0, 영

zigzag
[zígzæg]
직잭

명 지그재그, 갈지자
동 ~을 지그재그로 하다

zip code
[zíp kòud]
짚 코우드

명 우편번호

zipper [zípər] **지**퍼ㄹ

명 지퍼

zone [zoun] 조운

명 지역

***zoo**
[zuː]
주-

명 동물원

zoom [zuːm] 주움

명 (자동차 등의) 붕 하는 소리

특별한 자음

특별한 자음은 c, g, q, x입니다.

보통 자음 17개는 단어를 읽을 때 나는 첫소리 한 가지로 읽으면 됩니다. 그러나 c, g, x는 두 가지 소리를 가지고 있고, 또한 q는 뒤에 항상 다른 철자를 붙이고 다니는 특성 때문에 특별한 자음으로 분류한 것입니다.

C

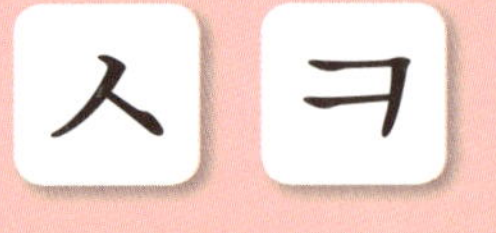

스 크

영어 알파벳의 셋째 글자

c의 알파벳 이름은 **씨이** [si:]이나, 발음은 우리말의 **스(s)**와 **크(k)**, 두 가지 소리로 납니다.

만일 **c** 다음에 e나 i 모음이 오면 **s(스)** 소리가 나고, **c** 다음에 a, o, u 모음 중 하나가 오면 **k(크)** 소리가 납니다.

즉, | ce-, ci-일 때 | s(스) |
| ca-, co-, cu-일 때 | k(크) |

 **c** 다음에 **e** 모음이 와서 **s(스)** 소리가 나는 경우

celery
[séləri]
쎌러리

명 셀러리
└ 녹색 혹은 흰 바삭바삭한 줄기의 채소. 날것으로 샐러드를 만들어 먹거나 수프나 스튜요리를 해서 먹음

***cereal**
[síriəl]
씨리얼

명 곡물, 가공 곡물식

동음 serial [síriəl]
명 정기 간행물, 연재물

ceiling [síːliŋ] 씨일링

명 천장

cent [sent] 쎈트

명 1센트 동전 (1달러 = 100센트)

center [séntər] 쎈터ㄹ

명 중심(부), 중앙

century [séntʃəri] 쎈춰리

명 세기, 100년

 **c** 다음에 **i** 모음이 와서 **s(ㅅ)** 소리가 나는 경우

***circle** [sə́ːrkl] 써-ㄹ클

명 동그라미

circus [sə́ːrkəs] 써-ㄹ커스

명 서커스, 곡예

cinnamon roll
[sínəmən ròul]
씨너먼 뤄울

명 계피향 롤빵

***city**
[síti]
씨티

명 도시

cake
[keik]
케잌

명 케이크
└ 밀가루, 달걀, 버터, 설탕을 재료로 오븐에
  구운 음식

*calendar
[kǽləndər]
캘린더ㄹ

명 달력

camera [kǽmərə] 캐머러

명 사진기, 카메라

camp [kæmp] 캠프

명 야영지

*candy [kǽndi] 캔디이

명 캔디, 사탕

*cap
[kæp]
캪

명 (테 없는) 모자 / (병) 마개, (만년필) 뚜껑

*car [kɑːr] 카-ㄹ

명 자동차, 차

card [kɑːrd] 카-ㄹ드

명 카드

*cat [kæt] 캩

명 고양이

coat
[kout]
코웉

명 외투

*color
[kʌ́lər]
칼러ㄹ

명 빛깔, 색

cobra [kóubrə] 코우브러

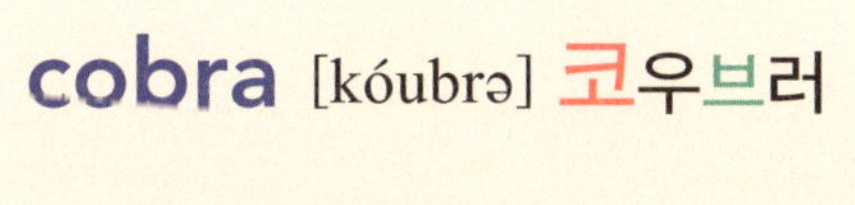

명 코브라 뱀

comb [koum] 코움

명 빗

cotton [kátn] 카튼

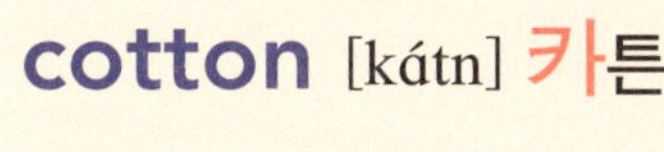

명 솜, 목화

***corn** [kɔ́ːrn] 코ㄹ온

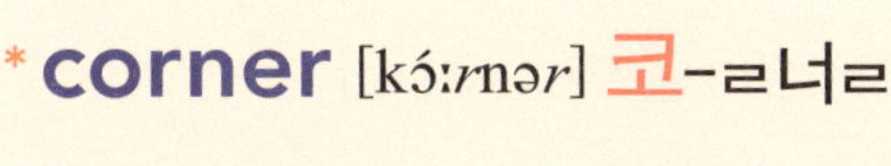

명 옥수수

***corner** [kɔ́ːrnər] 코-ㄹ너ㄹ

명 구석, 모퉁이

***cow** [kau] 카우

명 암소, 젖소

cub [kʌb] 컵

명 (여우, 곰, 사자 등의) 새끼

cube [kjuːb] 큐읍

명 정육면체

cup [kʌp] 컾

명 컵, 찻잔

curl [kəːrl] 커ㄹ얼

동 곱슬곱슬하다 명 곱슬머리

curtain
[kə́ːrtn]
커-ㄹ튼

명 커튼

**cut*
[kʌt]
컽

동 베다, 자르다

curve [kəːrv] 커-ㄹ브

명 곡선

cushion [kúʃən] 쿠션

명 방석, 쿠션

g

ㄱ ㅈ

영어 알파벳의 일곱째 글자

g의 알파벳 이름은 **쥐이**[dʒiː]고, 발음은 유성음으로 우리말의 **그(g)**와 **쥐(j)** 두 가지 소리가 납니다. **쥐(j)** 발음을 할 때는 항상 입을 내밀어 하세요.

보통 **g**로 시작하는 단어는 **ㄱ** 소리가 납니다. 그러나 가끔 **ㅈ** 소리가 나기도 합니다.

> **예** * **goat** [gout] **고울** **명** 염소
> * **giraffe** [dʒəræf] **쥐래프** **명** 기린

ㅈ 발음은 보통 g 다음에 모음 e나 i가 오면 발생하는데, 항상 그런 것은 아니므로 두 가지 발음 중 어느 쪽이 더 잘 어울리는지 비교해봐야 합니다.

👄 한 번 더, g와 k의 발음할 때 차이점

k는 바람이 입 밖으로 나오고, g는 나오지 않습니다.
종잇조각을 입 앞에 대고 연습해보세요. k 발음을 할 때만 종이가 움직입니다.

came [keim] **케임**
동 come(오다)의 과거형

$\longleftrightarrow$

game [geim] **게임**
명 놀이

 다음은 **g**가 ㄱ로 소리 나는 단어들입니다.

*garden
[gá:*r*dn]
가-ㄹ든

명 정원, 뜰

*gate
[geit]
게잍

명 문

> 동음 **gait** [geit] 명 걸음걸이, 보조

game [geim] 게임

명 놀이, 경기

*girl [gə:*r*l] 거ㄹ얼

명 소녀

goose [gu:s] 구-스

명 거위

*gorilla
[gərílə]
거**릴**러

명 고릴라

> 동음 **guerrilla** [gərílə]
> 형 게릴라 전술을 쓰는

guitar [gitá:*r*] 기**타**-ㄹ

명 기타 (악기)

gum [gʌm] 검

명 고무

 다음은 **g**가 **ㅈ**로 소리 나는 단어들입니다.

general [dʒénərəl] **쮀**너럴

형 일반의

genius [dʒíːnjəs] **지**-니어스

명 천재

germ [dʒəːrm] 줘ㄹ엄

명 세균, 미생물

gentle [dʒéntl] **쮀**틀

형 온화한, 친절한

giant [dʒáiənt] **좌**이언트

명 거인

***giraffe** [dʒəræf] 줘**뢔**프

명 기린

gym [dʒim] 쥠

명 체육관, 체조

q

쿠

영어 알파벳의 열일곱째 글자

이렇게 발음해요!

q의 알파벳 이름은 **큐-**[kju:]이고, 발음은 우리말의 **쿠**와 같은 소리입니다. **q** 다음에는 **u**가 항상 붙어 다니기 때문에 **qu**의 모양을 하고 있으며, 발음은 **kw**처럼 들립니다.

▶ q는 ***queen** [kwi:n] **퀸** 을 읽을 때 나는 첫소리입니다.
　　　　명 여왕

quack [kwæk] 쾍

명 (집오리 등의) 꽥꽥 우는 소리

quarrel [kwɔ́ːrəl] 쿼-뤨

명 말다툼

quarter
[kwɔ́ːrtər]
쿼-ㄹ터ㄹ

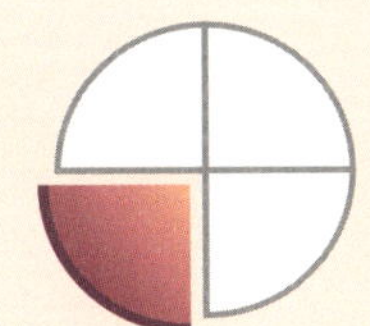

명 4분의 1

*__quick__
[kwik]
퀵

형 재빠른

*__quiet__
[kwáiət]
콰이엍

형 고요한

*__question__
[kwéstʃən]
퀘스쳔

명 질문

quilt [kwilt] 퀼트

명 누비요, 침대커버

quiz [kwiz] 퀴즈

동 간단한 질문을 하다 명 간단한 시험

X

크쓰　즈

영어 알파벳의 스물넷째 글자

x의 알파벳 이름은 **엑스** [eks]이고, 발음은 **ks** 소리가 나는 우리말의 **크쓰** 같은 발음입니다. 간혹 단어 처음에 와서 **ㅈ** 발음이 나기도 합니다.

대부분 **x**는 단어의 가운데나 끝에 있습니다.

다음은 **X**가 단어 끝에 있는 단어들입니다.

***box** [baks] 박쓰

명 상자

***fox** [faks] 팍쓰

명 여우

ox [aks] 악쓰

명 황소

six [siks] 식쓰

명 6　형 6의

 다음은 **X**가 단어 처음에 나와 **ㅈ** 소리가 나는 경우입니다.

xylophone
[záiləfòun] 자일러포운
뎽 실로폰

xerox [zíraks] 지뢕스
뎽 제록스 복사기

 다음은 **X**가 단어 중간에 있는 단어들입니다.

taxi [tǽksi] 택씨
뎽 택시

exit [éksit] 엘씯
뎽 출구

tuxedo
[tʌksíːdou]
턱씨-도우

뎽 턱시도

exercise
[éksərsàiz]
엘써ㄹ싸이즈

뎽 운동, 훈련

mixer [míksər] 믹써ㄹ
뎽 믹서, 혼합기

중간자음

자음은 단어의 처음, 중간, 끝 어디에도 올 수 있습니다.

'중간 소리가 어떻게 들리는가' 알아보려면, 단어를 읽을 때 중간자음을 발음한 다음 1초 정도 멈추어보면 알 수 있습니다.

> **예** *music [mjúːzik] **뮤**-직 **명** 음악 → mus--ic 하고 발음해보세요.

 다음은 중간에 자음이 있는 단어입니다.

*bake
[beik]
베익

동 굽다
  └ 빵이나 케이크를 오븐에서 가열하거나 건조하여 요리하는 것

desert [dézərt] 데저ㄹ트

명 사막

final [fáinl] 파이늘

형 최후의

*gate
[geit]
게잍

명 문, 탑승구

동음 gait [geit] 명 걸음걸이, 보조

*paper
[péipər]
페이퍼ㄹ

명 종이, 서류

*idea [aidíːə] 아이디-어

명 생각, 착상

lemon [lémən] 을레먼

명 레몬

seven [sév(ə)n] 쎄븐

명 7 형 7의

*water [wɔ́ːtər] 워-터ㄹ

명 물

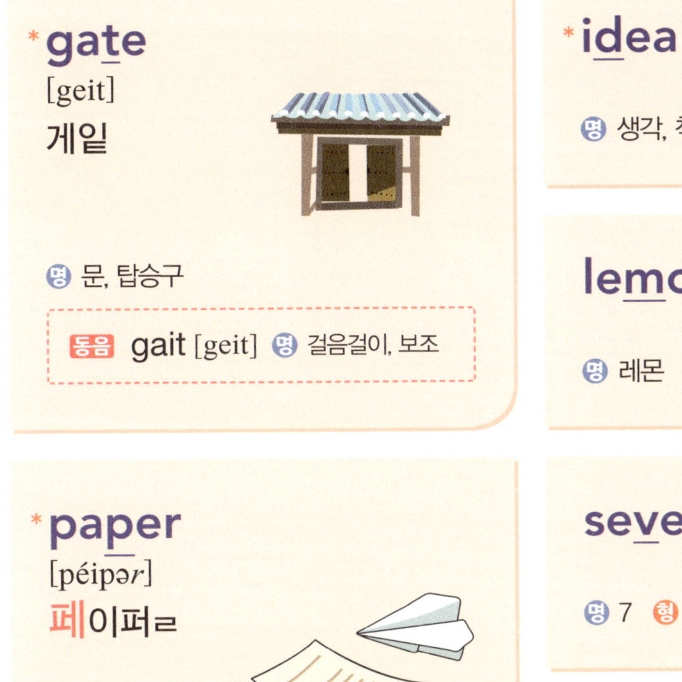

끝자음

단어의 끝에 자음이 오는 경우입니다.

자음이 끝에 있는 단어를 읽을 때 맨 마지막 소리를 길게 늘려 발음해보면 끝소리가 어떻게 들리는가를 알 수 있습니다.

> 예 *car [kɑːr] 명 자동차 → car-r-r- 하고 발음해보세요.

 다음은 끝에 자음이 있는 단어입니다.

*bear
[bɛər]
베어ㄹ

명 곰

> 동음 bare [bɛər] 형 벌거벗은

*goat
[gout]
고웉

명 염소

*leaf
[li:f]
을리잎

명 잎, 잎사귀

*pig
[pig]
픽

명 돼지

magic [mǽdʒik] 매직

명 마법, 마술

ribbon [ríbən] 리번

명 리본, 띠

stamp [stæmp] 스탬프

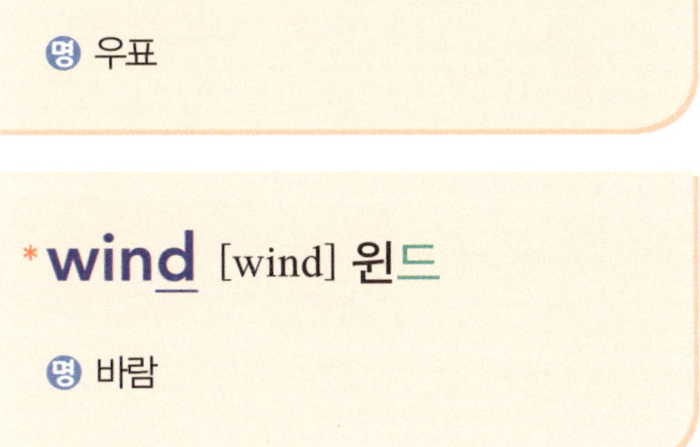

명 우표

stream
[stri:m]
스트리임

명 개울, 시내

*wind [wind] 윈드

명 바람

이중자음

간혹 단어 중간에 같은 자음 두 개가 잇따라 오는 경우가 있습니다.
그럴 경우, 자음은 두 개지만 발음은 한 번만 합니다.

다음은 중간에 같은 자음 두 개가 오는 단어들입니다.

***apple**
[æpl]
애플

명 사과

***balloon**
[bəlúːn]
벌루운

명 풍선

***button** [bʌ́tn] 버튼

명 단추

***class** [klæːs] 클래-스

명 학급, 반

coffee
[kɔ́:fi]
카-피

명 커피

dollar [dálər] 달러

명 달러

follow [fálou] 팔로우

동 뒤따르다, 따라가다

hammer [hǽmər] 해머ㄹ

명 망치

kitten [kítn] 키튼

명 새끼 고양이

*little
[lítl]
리틀

형 (크기, 규모, 수 등이) 작은, 적은

*mommy
[mámi]
마미

명 엄마

parrot [pǽrət] 패럳

명 앵무새

ribbon [ríbən] 리번

명 리본, 띠

zipper [zípər] 지퍼ㄹ

명 지퍼

pizza
[píːtsə]
피-쩌

명 피자

(소리 나지 않는) 묵음

단어 중에 들어 있는 자음이 소리가 나지 않는 경우가 가끔 있는데, 이것을 **묵음**이라고 합니다.

★ 단어의 첫글자로 오는 자음이 묵음이 되는 경우는 **kn, wr** 등이 있습니다.

★ 단어의 중간이나 끝에 오는 자음이 묵음이 되는 경우는 **mb, rh, mn** 등이 있습니다.

★ 함께 오는 자음이 둘 다 소리가 나지 않는 경우도 있습니다. 이런 경우의 묵음으로는 **gh**가 있습니다.

단어의 첫글자로 오는 자음이 묵음이 되는 경우

1 **k**가 단어의 첫글자일 경우 **n**이 함께 오면 **k**는 소리가 나지 않습니다.

***k**nife
[naif]
나이ㅍ

명 칼, 나이프

***k**night
[nait]
나잍

명 (체스의) 나이트, (중세의) 기사

동음 night [nait] 명 밤, 저녁

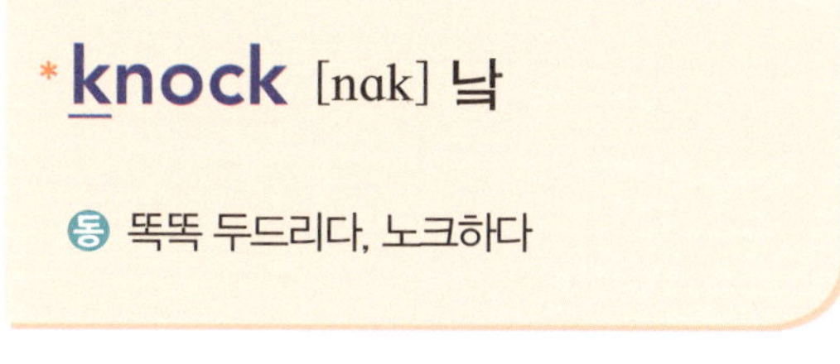

***k**nock [nɑk] 낙

동 똑똑 두드리다, 노크하다

knit [nit] 닡

동 뜨개질을 하다

*<u>k</u>nee [ni:] 니-

명 무릎

<u>k</u>neel [ni:l] 니일

동 무릎을 꿇다

*<u>k</u>now
[nou]
노우

동 알다

동음 no [nou] 부 아니(요)

<u>k</u>not
[nat]
낱

명 매듭

동음 not [nat] 부 ~ 아니다

2 w가 단어의 첫글자일 경우 r이 함께 오면 w는 소리가 나지 않습니다.

<u>w</u>rite [rait] **롸잍**

동 쓰다

<u>w</u>rist [rist] **리스트**

명 손목

<u>w</u>rap [ræp] **뢮**

명 덮개 동 포장하다, 싸다

***<u>w</u>rong** [rɔːŋ] **뤄옹**

형 틀린, 잘못된

단어의 중간이나 끝에 오는 자음이 묵음이 되는 경우

1 m 다음에 오는 **b**는 소리가 나지 않습니다.

com<u>b</u> [koum] **코움**

명 빗

thum<u>b</u> [θʌm] **썸**

명 엄지손가락

***lam<u>b</u>** [læm] **을램**

명 새끼 양

clim<u>b</u> [klaim] **클라임**

동 오르다

2 **r** 다음에 오는 **h**는 소리가 나지 않습니다.

rhinoceros
[rainásərəs]
롸이**나**서뤄스

명 코뿔소

rhyme [raim] 롸임

명 (시의) 운, 압운

3 **m** 다음에 오는 **n**은 소리가 나지 않습니다.

*****autumn**
[ɔ́:təm]
아-텀

명 가을

column
[kɑ́ləm]
칼럼

명 (건물의) 기둥[원주], (신문 등의) 칼럼

*bright
[brait]
브**롸**잍

형 빛나는, 밝은

*fight [fait] 파잍

명 싸움 동 싸우다

*light [lait] 을라잍

명 빛, 광선

*night
[nait]
나잍

명 밤

sight [sait] 싸잍

명 시각, 시력

tight [tait] 타잍

형 (매듭, 마개, 나사 등이) 단단한
(옷이) 꽉 조이는

예외 *laugh [læf] 을래프 동 (소리내어) 웃다

caught [kɔːt] 캍 동 catch(붙들다)의 과거·과거분사형

taught [tɔːt] 톹 동 teach(가르치다)의 과거·과거분사형

운율 단어

운율이란 둘 이상의 단어에서 비슷한 소리가 반복되는 것을 말합니다. 즉, 소리가 비슷한 단어들을 운율이 같다고 말합니다. 시는 물론이고 노래나 랩, 속담, 격언, 광고 문안이나 일상생활 속의 표현에서도 운율을 볼 수 있습니다. 운율에는 여러 종류가 있지만, 일단 가장 흔하고 쉬운 두 가지를 배워보겠습니다. 두운은 단어의 첫소리가 같은 것, 각운은 단어의 끝소리가 같은 것을 말합니다. 이와 같은 운율로 인해 언어에 리듬과 흥이 생기며 세련되어진답니다. 특히 시의 단어는 운율을 이루는 단어들로 구성됩니다. 또한 시가 아니더라도 이러한 운율은 영어권 사람들의 일상생활이기 때문에 매우 중요합니다.

1 두운과 각운

1 두운　인명, 회사명, 영화 제목, 랩 가사 등에서 흔히 볼 수 있습니다.

Mickey Mouse	미키 마우스	미키 마우스(의 M) (월트 디즈니 만화영화의 주인공인 쥐)
Coca-Cola	코우커 코울러	코카 콜라(의 C)
Dunkin' Donuts	덩킨 도우넛츠	던킨 도너츠(의 D)
Marilyn Monroe	매럴린 먼로우	마릴린 먼로(의 M) (미국 여배우)
Elite Eight	일리잍 에잍	8강전(의 E)

★ elite [ilíːt, eilíːt] 일리-트, 엘리-트　명 엘리트, 권력 집단　형 선발된, 정예의

각운 1 일정한 간격으로, '시계추가 좌우로 움직이듯' 죽 읽어보세요.

goal	→	coal	bell	→	tell	(쉬고)
fire	→	tire	cake	→	rake	
fan	→	man	king	→	ring	(쉬고)
love	→	dove	book	→	look	

- ★ **goal** [goul] 고울 명 (스포츠의) 골, 득점, 목표
- ★ **coal** [koul] 코울 명 석탄
- ★ **bell** [bel] 벨 명 종, 방울
- ★ **tell*** [tel] 텔 동 말하다
- ★ **fire*** [faiər] 파이어ㄹ 명 불, 화재
- ★ **tire** [táiər] 타이어ㄹ 동 지치다 명 (고무) 타이어
- ★ **cake** [keik] 케익 명 케이크
- ★ **rake** [reik] 뢰익 명 갈퀴

- ★ **fan*** [fæn] 팬 명 부채, 선풍기
- ★ **man*** [mæn] 맨 명 남자
- ★ **king*** [kiŋ] 킹 명 왕
- ★ **ring*** [riŋ] 링 명 반지, 고리
- ★ **love*** [lʌv] 을러브 명 사랑
- ★ **dove** [dʌv] 더브 명 비둘기
- ★ **book*** [buk] 북 명 책
- ★ **look*** [luk] 을룩 동 보다

각운 2 세 단어씩 읽되 첫 단어에 추임을 주어서 읽어보세요.

▼				▼		
boy	**joy**	**toy**	(쉬고)	**hoy**	**soy**	**Roy**
sit	**knit**	**bit**	(쉬고)	**hit**	**fit**	**wit**
ball	**call**	**mall**	(쉬고)	**hall**	**tall**	**wall**
bat	**cat**	**fat**	(쉬고)	**hat**	**mat**	**pat**

word

★ boy*[bɔi] 보이　명 (특히 18세 미만의) 소년, 아들

★ joy [dʒɔi] 죠이　명 기쁨, 환희

★ toy*[tɔi] 토이　명 장난감

★ hoy [hɔi] 호이　감 어이(주의를 환기하거나 가축 등을 몰 때 내는 소리)

★ soy [sɔi] 쏘이　명 간장

★ Roy [rɔi] 뤄이　명 로이(남자 이름)

★ sit*[sit] 싵　동 앉다

★ knit [nit] 닡　명 편물　동 뜨개질을 하다

★ bit [bit] 빝　명 작은 조각, 소량, 잠깐

★ hit*[hit] 힡 동 치다, 때리다 명 치기, 타격

★ fit [fit] 핕 형 알맞은, 적임의

★ wit [wit] 윝 명 위트, 재치

★ ball*[bɔːl] 보올 명 공, 구
  └ 동음 bawl [bɔːl] 동 고함치다

★ call*[kɔːl] 코올 동 (큰 소리로) ~을 부르다, 전화하다

★ mall [mɔːl] 모올 명 쇼핑센터, 쇼핑몰, 나무 그늘이 진 산책길

★ hall [hɔːl] 호올 명 홀, 넓은 방, 강당
  └ 동음 haul [hɔːl] 동 (힘들여) 끌다, 끌어당기다

★ tall*[tɔːl] 토올 형 (사람, 풀 등이) 키가 큰, (건물, 나무 등이) 높은

★ wall*[wɔːl] 워얼 명 벽, 담, 성벽

★ bat*[bæt] 뱉 명 (야구) 배트, (탁구, 배드민턴) 라켓

★ cat*[kæt] 캩 명 고양이

★ fat*[fæt] 퍁 명 살찐, 비만한, (요리 등이) 기름기가 많은

★ hat*[hæt] 햍 명 (테가 있는) 모자

★ mat [mæt] 맽 명 매트, 돗자리, 깔개
  └ 동음 matte [mæt] 형 (표면, 빛깔 등이) 광택이 없는, 무광의

★ pat*[pæt] 퍁 동 (물건을) 가볍게 두드리다[치다]

각운 3 ❶과 ❸은 조금 세게, ❷와 ❹는 조금 약하게 읽어보세요.

❶	❷	❸	❹
hand	band	sand	land
dog	fog	log	jog
house	mouse	spouse	blouse
bee	knee	free	three

★ **hand***[hænd] 핸드 명 손, (시계, 계기 등의) 바늘

★ **band** [bænd] 밴드 명 (사람, 동물의) 한 무리, 음악대

★ **sand** [sænd] 샌드 명 모래, 모래밭

★ **land***[lænd] 을랜드 명 육지, 땅, 토지

★ **dog***[dɔːg] 도옥 명 개

★ **fog** [fɔːg] 포옥 명 (시야를 방해할 정도로 짙은) 안개 (◆mist 옅은 안개)

★ **log** [lɔːg] 을로옥 명 통나무, (항해, 비행 등의) 일지

★ **house***[haus] 하우스 명 집, 가정, (특정 목적을 위한) 건물

★ **mouse***[maus] 마우스 명 생쥐, (컴퓨터) 마우스

★ spouse [spaus] 스파우스 	**명** 배우자

★ blouse [blaus] 블라우스 	**명** (여성, 아동용) 블라우스, 재킷

★ bee* [bi:] 비－ 	**명** 꿀벌
　└ **동음** be [bi:] 	**동** ～이다, 있다

★ knee* [ni:] 니－ 	**명** 무릎 	**동** 무릎으로 치다[건드리다]

★ free* [fri:] 프리－ 	**형** 자유로운, 한가로운, 무료의

★ three [θri:] 쓰리－ 	**명** 3 	**형** 3의

② 종합편 : 문장 연습

이번에는 운율을 이루고 있는 문장들을 살펴보겠습니다.

① **I saw a cat.**　난 고양이를 봤어.

I saw a bat.　난 박쥐를 봤어.

I saw the cat and the bat sit on a mat.

난 고양이와 박쥐가 매트 위에 앉아 있는 걸 봤어.

② **I saw a frog.**　난 개구리를 봤어.

I saw a dog.　난 개를 봤어.

I saw the frog and the dog dance on a log.

난 개구리와 개가 통나무 위에서 춤추는 걸 봤어.

③ **I saw a bee.**　난 벌을 봤어.

I saw some tea.　난 차를 봤어.

I saw the bee drinking that tea.　난 벌이 차를 마시는 걸 봤어.

❶에서는 cat / bat / mat, ❷에서는 frog / dog / log, ❸에서는 bee / tea가 서로 운율 관계로 이루어져서 문장 전체가 리듬을 타고 있습니다.

운율이 같은 단어를 찾아 이렇게 이어서 낱말놀이를 하면 재미있게 단어를 익힐 수 있습니다.

★ saw [sɔː] 쏘— 통 see(보다)의 과거형　명 톱

★ bat* [bæt] 뺕　명 박쥐 / (야구) 배트, (탁구, 배드민턴) 라켓

★ cat* [kæt] 퍁　명 고양이

★ and* [ænd, æn] 앤드, 앤　접 그리고, ~과[와]

★ the* [ðə] 더　관 그(이미 나온 명사를 다시 말할 때), 저

★ sit* [sit] 싵　통 앉다

★ on* [ən] 언 / 온　전 ~ 위에, ~ 표면에

★ a* [ə, ei] 어, 에이　관 어떤 하나[한 사람]의

★ mat [mæt] 맽　명 매트

★ frog* [frɔːg, frɑg] 프라—그, 프롹　명 개구리

★ dog* [dɔːg] 도옥　명 개

★ dance* [dæns] 대앤쓰　통 춤추다

★ log [lɔːg] 을로옥　명 통나무

★ bee* [biː] 비—　명 꿀벌　동음 be [biː] 통 ~이다, 있다

★ some* [səm] 썸　형 얼마간의

★ that* [ðæt] 댙　대 그, 그[저]것

★ tea* [tiː] 티—　명 차, 차나무

★ drink* [driŋk] 드링크　통 마시다　명 음료

 **실없는 (바보) 문장**

실없는 (바보) 문장입니다. 문장의 뜻이나 구성을 공부하려는 것이 아니고, 운율(두운)을 이해하는 데 도움이 되니 따라 읽어보세요.

Pink parrots peel peas.
분홍색 앵무새가 완두콩 껍질을 깐다.

Bees buzz by buds.
벌들이 꽃봉오리 옆을 지나간다.

Foxes found four frogs.
여우들이 개구리 네 마리를 잡았다.

Robots run relay races.
로봇이 이어달리기를 한다.

★ **pink*** [piŋk] 핑크 **명** 분홍색, 핑크색

★ **parrot** [pǽrət] 패럴 **명** 앵무새

★ **peel** [piːl] 피일 **동** 껍질을 벗기다[깎다]
   └ **동음** **peal** [piːl] **명** 종소리, (대포, 천둥 등의) 굉음, 떠들썩한 소리

★ **pea** [piː] 피- **명** 완두콩

★ bee* [biː] 비- 명 꿀벌
　└ 동음 be [biː] 동 ~이다, 있다

★ buzz [bʌz] 버즈 동 윙윙거리다

★ by* [bai] 바이 전 옆을, 곁에서

★ bud [bʌd] 버드 명 봉오리, 싹

★ fox* [fɑks] 팍쓰 명 여우

★ found [faund] 파운ㄷ 동 find(찾다)의 괴기

★ four [fɔːr] 포-ㄹ 명 4 형 4의

★ frog* [frɔːg, frɑg] 프라-ㄱ, 프롹 명 개구리

★ robot [róubət] 뤄우벝 명 로봇

★ run* [rʌn] 뤈 동 달리다

★ relay [ríːlei] 릴-레이 명 교대, 중계, 릴레이

★ race [reis] 뢰이쓰 명 경주, 경마, 사이클 경기 (몇 가지 경주가 행해지는 경기는 복수형을 씀 - races)

④ 발음하기 힘든 (혀 꼬이는) 문장

이해를 돕기 위해 먼저, 우리말의 '혀 꼬이는 말'을 예로 들어보겠습니다.

'안 뜰 콩깍지는 깐 콩깍지인가 안 깐 콩깍지인가'

'마구간 앞 말뚝이 말 맬 말뚝이냐 말 못 맬 말뚝이냐'

영어에서도 이렇듯 발음하기 힘든 문장을 '혀 꼬이는 말'이라고 하는데, 이러한 문장 연습은 정확한 발음을 공부하기 위한 하나의 방법입니다.

> **Purple Paper People,**
> **Purple Paper People,**
> **Purple Paper People**
>
> 보라 종이 사람

- ★ purple [pə́ːrpl] 퍼–ㄹ플 명 자주색, 보라색
- ★ paper* [péipər] 페이퍼ㄹ 명 종이, 서류, 신문
- ★ people* [píːpl] 피–플 명 사람들, 국민

I saw a saw that could out saw any other saw I ever saw.

내가 보았던 다른 어떤 톱보다 더 잘 썰 수 있는 톱을 나는 보았다.

◆ see(보다)의 과거형(saw), 그리고 이와 뜻은 전혀 다르지만 글자가 같은 saw(톱, 톱질하다)를 사용한 발음 연습용 문장

★ saw [sɔː] 쏘— 통 see(보다)의 과거형
  └ 동음 saw [sɔː] 쏘— 명 톱 통 톱질하다

★ ever [évər] 에버ㄹ 부 언제나, 항상

Chapter 2
모음

모음의 구성

영어 알파벳은 26자로 이루어져 있다고 했습니다. 이 알파벳 26자는 앞에서 지금까지 공부한 자음 21개와 모음 5개(a, e, i, o, u)로 구분됩니다. 그런데 예외적으로 자음 y가 반모음이 될 때가 있습니다.

모음은 단모음, 장모음, 이중모음, 삼중모음이 있는데, 단모음은 짧게 소리 나는 모음을 말하며 장모음은 길게 소리 나는 모음을 말합니다. 이중, 삼중모음은 글자 그대로 모음 2개, 3개가 합쳐진 것을 말합니다. 중모음은 발음을 시작할 때의 입 모양과 끝날 때의 입 모양이 다릅니다.

단모음
*ant [ænt] 앤트 명 개미

장모음
cake [keik] 케잌 명 케이크

이중모음(diphthong)이란 두 개의 모음을 합한 것인데 흔히 첫 모음을 더 강하고 길게 발음합니다. 예를 들면 아이, 아우, 오이, 에이, 오우 등을 말합니다.

이처럼 영어는 한글과 달리 한 글자가 항상 같은 소리가 나는 것이 아니라는 것, 한 글자의 발음이 각 단어에서마다 다를 수 있다는 것을 기억하며 발음 연습을 하세요. 알파벳 글자는 26자뿐이지만 발음은 40개가 넘는답니다.

머리글에서 말했듯이 알파벳 발음은 앞뒤 글자의 영향을 받아 변하고, 단어 또한 문장에서 앞뒤 단어와의 관계나 강세에 따라 발음이 변한다는 것 기억하세요.

Unit 2 모음사각도 (모음 발음의 구강 위치)

먼저 모음사각도에서 기본 모음들이 어떤 위치에서 발음되는지 입안의 위치를 확인해보세요.
다음에는 각 모음들의 발음 방법을 새로 배울 때마다 이 모음사각도를 보면서 연습해봅시다.
정확한 발음이 될 때까지 되풀이하여 많은 연습을 하세요.

	앞	중간	뒤
닫힘	iː (장모음) 이-		uː (장) 우-
	i (단모음) 이	ərː (장) 어-	u (단) 우
	ei (장) 에이	ə / ʌ (단) 어	ou (장) 오우
	e (단) 에		
열림	æ (단) 애	aː (장) 아-	ɔ (단) 아

★ **앞모음**들은 발음할 때 입 앞쪽에서 소리가 나고, **뒷모음**은 뒤쪽에서 소리가 납니다.

★ **닫힘**과 **열림**은 입의 벌린 정도를 가리킵니다. 아래로 갈수록 입은 크게, 턱은 아래로 벌려집니다. 즉, i 모음은 입을 옆으로 길게 당겨 벌려 위아래 치아가 거의 닿는 기분으로 발음하고 æ는 입을 크게 벌려 발음합니다.

★ **파랑색** 모음은 양 뺨과 턱이 **팽팽한(긴장된) 상태**에서 발음되고, **검정색** 모음은 양 뺨과 턱이 **편한(이완된) 상태**에서 발음됩니다.

Unit 3 닫힘과 열림

1 [i]와 [æ], [ɑ]와 [ɔ] 발음의 차이

닫힘과 **열림**은 입의 벌린 정도를 가리킵니다. 아래로 갈수록 입은 크게, 턱은 아래로 벌려집니다. 즉, [i] 모음은 입을 옆으로 길게 당겨 벌려 위아래 치아가 거의 닿는 기분으로 발음하고 [æ]는 입을 크게 벌려 발음합니다.

〈모음사각도〉에서 **파란색 모음**은 양 뺨과 턱이 **팽팽한(긴장된) 상태**에서 발음되고, **검정색 모음**은 양 뺨과 턱이 **편한(이완된) 상태**에서 발음됩니다.

앞모음과 뒷모음 발음 때의 입 모양을 비교해보면, 앞모음들은 입을 옆으로 당겨 벌린 반면 뒷모음은 입이 동그란 형태입니다. 앞모음을 발음할 때 상대가 혀를 볼 수 있고 뒷모음은 혀가 보이지 않습니다. 그 이유는 앞모음을 발음할 때는 혀가 아랫니 뒤에 닿거나 미는 위치에 있고, 뒷모음은 혀 뒷부분이 위로 당겨진 상태이기 때문입니다.

미국 지역에 따라서는 [ɑ]와 [ɔ]를 거의 같은 발음으로 혼용하기도 합니다.

예 coffee [kɔ́ːfi] 카-피 명 커피

[ɔ] 발음은 **오**와 **아**의 중간이라고 흔히 말합니다. 미국식 또는 영국식 발음에 따라 **아**나 **오**로 발음하기도 합니다. 그러나 **아** 쪽에 더 가깝게 발음하는 것이 미국식 원음에 더 가깝다고 생각됩니다. 발음 방법은 입을 위아래로 길죽하게 동그랗게 하고 (입 모양은 오인데) **아** 하고 발음하세요.

예 shopping mall [ʃápiŋ mɔ̀ːl] **사**핑 모올 (미국식)

[ʃɔ́piŋ mɔ̀ːl] **쇼**핑 모올 (영국식)

② 앞모음 · 중간모음 · 뒷모음

각 모음에 해당하는 예를 한 단어씩 들어보겠습니다. 모음사각도 위치를 떠올려보세요.

앞모음	
key [kiː] 키- 명 열쇠	**bed** [bed] 벹 명 침대
sit [sit] 싵 동 앉다	**bad** [bæd] 배드 형 나쁜
day [dei] 데이 명 하루	

<table>
<tr><td>중간모음</td><td>뒷모음</td></tr>
</table>

중간모음

her [həːr] 허ㄹ

데 그녀

*__about__ [əbáut] 어**바**웉

전 ~에 대하여

*__cup__ [kʌp] 컾

명 컵

*__father__ [fáːðər] **파**-더ㄹ

명 아버지

뒷모음

*__moon__ [muːn] 무-운

명 달

*__good__ [gud] 굳

형 좋은

coat [kout] 코웉

명 외투

*__talk__ [tɔːk] 토옥

동 말하다

3 [ə]와 [ʌ]의 발음 차이

*__about__ [əbáut] 어**바**웉 의 [ə] 발음처럼 모호한 모음 즉 강세가 없는 음절에 있는 약모음 [ə]를 schwa/shwa **쉬아**라고 부릅니다.

① [ə]는 입과 턱의 힘을 자연스레 빼고 **어**를 약하게 발음합니다.

　예 America [əmérikə] 어**메**리커　명 미국

② [ʌ]는 힘이 들어가서 좀더 센 **어** 소리입니다.

　예 bus [bʌs] 버스　명 버스

Unit 4 달라지는 모음 길이 (원어민의 발음 방법)

같은 모음이라도 뒤에 따라오는 자음에 따라 발음할 때의 길이가 달라집니다.

아래 예와 같이 같은 모음이라도 뒤에 **유성자음이 올 때**는 무성자음이 올 때보다 그 모음을 약간 더 **길게 발음**하세요. 그렇게 하면 미국 원어민의 발음도 잘 들리고, 그들도 잘 알아듣는답니다.

단어	유성자음 (과장된 발음)	단어	무성자음 (보통 발음)
bead 명 구슬	[biːd] 비-드 → 비-이드 인데 로 발음	**beat** 명 박자	[biːt] 비잍
nab 동 거머잡다	[næb] 냅 → 내앱 인데 으로 발음	**nap** 명 낮잠	[næp] 냎

즉, 왼쪽은 모음 뒤에 유성자음 d와 b가 왔으므로 모음을 길게 발음합니다.

그러나 오른쪽은 모음 뒤에 무성자음 t와 p가 왔으므로 모음을 원 발음 그대로 합니다.

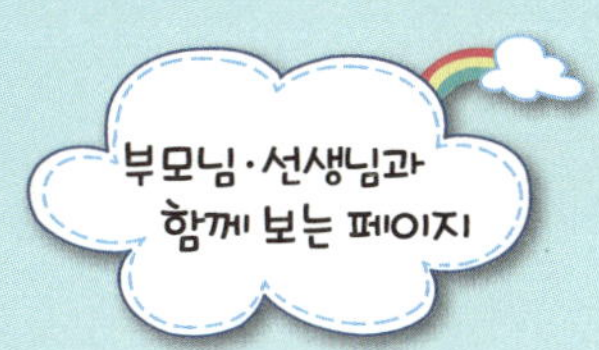

유성자음(과장된 발음)		무성자음(보통 발음)
heed [hiːd] 히-이드	↔	**heat** [hiːt] 히잍
동 (~에) 주의하다 ◆ 히-드인데 히-이드로 발음		명 (감각으로서의) 열, 더위
tab [tæb] 태앱 ◆ 탭인데 태앱으로 발음	↔	**tap** [tæp] 탶
명 꼬리표, 고리끈		동 (어깨 등을) 가볍게 치다
robe [roub] 뤄오웁 ◆ 로웁인데 뤄오웁으로 발음	↔	**rope** [roup] 뤼욮
명 길고 헐거운 겉옷[가운], 예복, 관복		명 밧줄, 로프
*****bag** [bæg] 배액 ◆ 백인데 배액으로 발음	↔	*****back** [bæk] 백
명 가방, 자루		명 (사람, 동물의) 등
*****have** [hæv] 해브	↔	*****half** [hæf] 햎
동 가지고 있다		명 절반, 2분의 1
save [seiv] 쎄이브	↔	**safe** [seif] 쎄잎
동 구하다		형 안전한
*****pig** [pig] 피익 ◆ 픽인데 피익으로 발음	↔	*****pick** [pik] 픽
명 돼지		동 (물건을) 고르다, (과일, 꽃 등을) 따다
*****live** [laiv] 을라이브	↔	*****life** [laif] 을라잎
형 살아 있는, 생, 실제의		명 생명, 목숨
breathe [briːð] 브리-드	↔	**breath** [breθ] 브레쓰
동 호흡하다		명 숨, 호흡

단모음의 미국식 발음 방법

먼저 짧게 소리 나는 단모음부터 설명하겠습니다.

단모음 발음은 a 애, e 에, i 이, o 아, u 어, 이렇게 다섯 개가 있습니다.

애

▶ 단모음 **a**는   *ant [ænt] 앤트   명 개미   의 첫소리와 같은 발음입니다.

우리말의 **애**와 비슷한 발음으로, 소리가 입 앞쪽에서 나오는 앞모음입니다. 입을 **e(에)** 발음 때보다 훨씬 크게 활짝 벌리고 발음합니다.

이 첫소리를 늘려 **a-a-ant** 하고 길게 발음해보세요. **단모음 a**의 소리를 기억하는 데 도움이 될 것입니다.

다음은 **단모음 a**(애)가 들어 있는 단어들입니다.

*apple
[ǽpl]
애플

명 사과

alligator
[ǽligèitər]
앨리게이터ㄹ

명 악어, 앨리게이터
└ 북미·남미·중국산 파충류. 더운 지방 강
에서 살고, 강한 턱, 날카로운 이빨, 긴 꼬
리가 있으며 crocodile [krɑ́kədàil]
크**라**커다일보다 주둥이가 넓고 짧다.

arrow [ǽrou] **애**뤄우

명 화살

*flag [flǽg] 플랙

명 기, 깃발

ham
[hǽm]
햄

명 (돼지 넓적다리 고기로 만든) 햄

*hand
[hǽnd]
핸드

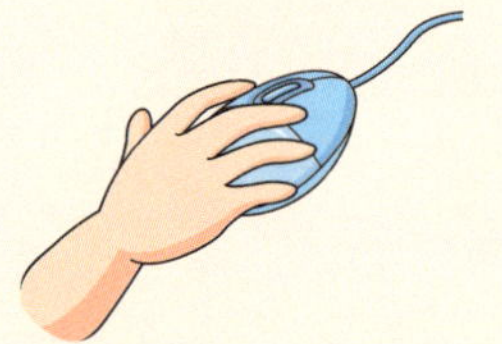

명 손

*hat [hǽt] 햍

명 (테가 있는) 모자

lamp [lǽmp] 을램프

명 램프, 등, 전기스탠드

*map
[mæp]
맵

명 지도

rat [ræt] 뢥

명 쥐 (생쥐(mouse)보다 크고 꼬리가 긺)

sack [sæk] 색

명 (헝겊, 가죽) 자루, 마대, 부대

▶ 단모음 e는 ***egg** [eg] 에그 ᅠ명ᅠ 달걀 의 첫소리와 같은 발음입니다.

우리말의 **에**와 같은 발음으로, 입을 약간 벌려 짧게 발음하는 앞모음입니다. **단모음 e**의 소리를 기억하기 위해 **e-e-egg** 하고 길게 늘려서 발음해보세요.

다음은 단모음 **e**(에)가 들어 있는 단어들입니다.

*bed [bed] 벧

명 침대

*desk [desk] 데스크

명 책상

*leg [leg] 을렉

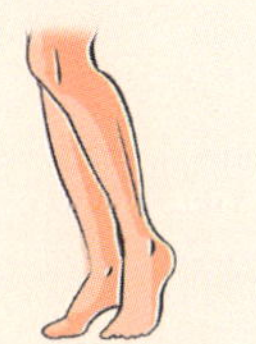

명 다리

*neck [nek] 넼

명 목

pen [pen] 펜

명 펜, 붓

sled [sled] 슬레드

명 썰매

*belt
[belt]
벨트

명 허리띠, 벨트

nest
[nest]
네스트

명 (새의) 둥지, (곤충, 어류, 오리, 토끼 등의) 보금자리

*rest
[rest]
뢰스트

명 휴식

*tell

[tel]

텔

동 말하다

*test

[test]

테스트

명 시험, 검사, 테스트

ten [ten] 텐

명 10, 십, 열

이

> 단모음 i는 ***in [in] 인** 전 ~ 안[속]에 의 첫소리와 같은 발음입니다.

우리말의 **이**와 같은 발음으로, 짧게 발음하는 앞모음입니다.
단모음 i 소리를 기억하도록 **i-i-in** 하고 길게 늘려 발음해 보세요.

 **다음은 단모음 i(이)가 들어 있는 단어들입니다.**

bit [bit] 빝

몡 작은 조각, 토막

chick [tʃik] 칰

몡 병아리

*chin
[tʃin]
친

몡 아래턱, 턱끝

*fish
[fiʃ]
피쉬

몡 물고기

*hill [hil] 힐

몡 언덕

hip [hip] 힢

몡 엉덩이

*in
[in] 인

졘 ~ 안[속]에

동음 **inn** [in] 몡 여인숙
└ 원래는 중세의 순례자가 숙식을 해 결하던 시골 여인숙을 뜻함.

*kid
[kid]
키드

몡 (보통 1세 미만의) 새끼 염소 / 어린이

pitcher
[pítʃər]
피춰ㄹ

명 투수 / (손잡이가 있고 아가리가 넓은) 물 주전자

*ship
[ʃip]
쉽

명 (대형) 배, 선박

*win [win] 윈

명 승리 동 이기다

▶ 단모음 o는 olive [áliv] 알리브 명 올리브나무[열매] 의 첫소리와 같은 발음입니다.

우리말의 **아**와 같은 발음으로, 짧게 발음합니다.

단모음 o 소리를 기억하도록 **o-o-olive** 하고 길게 늘려 발음해보세요.

다음은 **단모음 O**(아)가 들어 있는 단어들입니다.

*clock
[klak]
클**락**

명 탁상시계, 벽시계

*hot
[hat]
핫

형 뜨거운, 더운

dot [dat] 닽

명 점, 얼룩, 반점

*knock [nak] 낙

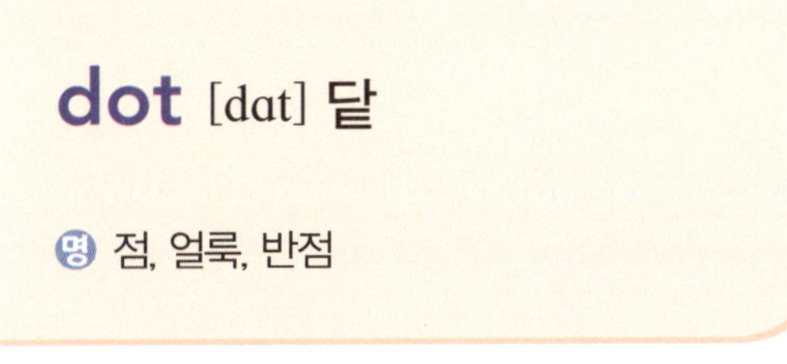

동 노크하다, (문을 똑똑) 두드리다

lock [lak] 을**락**

명 자물쇠

mop [map] 맢

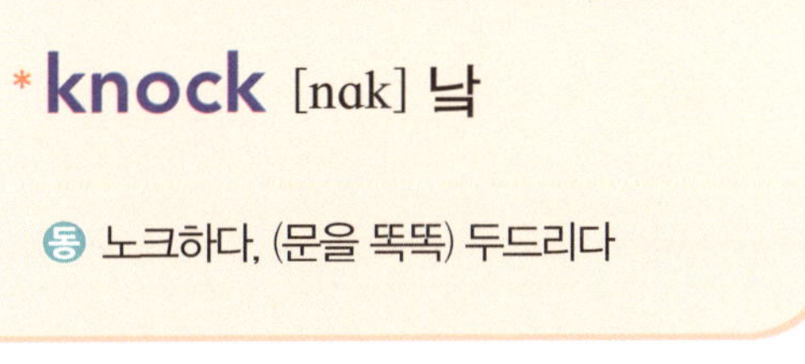

명 대걸레

octopus
[áktəpəs]
악터퍼쓰

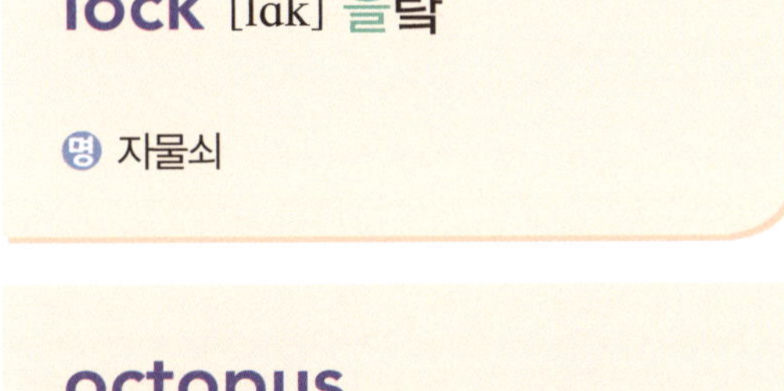

명 문어, 낙지

pot [pat] 팟

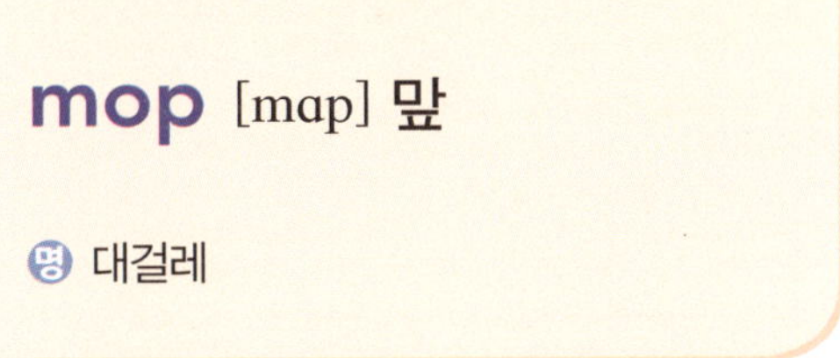

명 단지, 항아리, 병

*rock [rak] 롹

명 바위

* **shop**
[ʃap]
샾

명 가게, 상점 동 (물건을) 사다

* **sock**
[sak]
싹

명 짧은 양말

* **top** [tap] 탚

명 꼭대기, 정상

단모음 u

어

▶ 단모음 u는 ***umbrella** [ʌmbrélə] 엄브**렐**러 명 우산 의 첫소리와 같은 발음입니다.

입을 살짝만 벌려 우리말의 **어**와 같은 발음으로 짧게 발음합니다. **단모음 u** 소리를 기억하도록 **u–u–umbrella** 하고 길게 늘려 발음해보세요.

bug
[bʌg]
벅

명 (작은) 곤충, 벌레

*drum [drʌm] 드럼

명 북, 드럼

*duck [dʌk] 덕

명 오리

gum [gʌm] 검

명 고무, 껌

luck [lʌk] 을럭

명 행운

*jump
[dʒʌmp]
쥠프

동 뛰어오르다, 점프하다

plug
[plʌg]
플럭

명 (전기) 플러그, 마개

rug
[rʌg]
뤅

명 깔개, 양탄자
  ∟ 방바닥 중앙이나 난로 앞에 깔며, 방 전
    체에 까는 카펫보다 작음.

단모음 발음의 규칙

단모음 발음의 규칙에는 ① **자음-모음-자음 규칙**, ② **자음-모음-자음 규칙의 예외**, ③ **모음-자음 규칙**이 있습니다. **자음-모음-자음 규칙**에는 단모음 a, e, i, o, u 다섯 개가 모두 해당됩니다.

1 자음-모음-자음 규칙

단모음은 소리가 짧게 나는 모음입니다. 총 다섯 개의 단모음 a, e, i, o, u는 한 단어 안에서 어디에 위치하는가에 따라 소리가 달라집니다. 두 자음 사이에 끼어 있는 모음은 보통 짧게 소리 납니다.

이러한 규칙을 **자음-모음-자음 규칙**이라고 합니다.

1 단모음 a(애)가 두 자음 사이에 끼어 있으면 짧게 소리 납니다.

***black** [blæk] 블랙

형 검은   명 검은색

***can** [kæn] 캔 

명 깡통, 통, 통조림

***cap** [kæp] 캪

명 (테 없는) 모자

cash [kæʃ] 캐쉬 

명 현금

dash [dæʃ] 대쉬

동 돌진하다, 질주하다

*** hat** [hæt] 햍

명 (테 있는) 모자

*** fat**

[fæt]

퍁

형 살찐

*** fan**

[fæn]

팬

명 부채, 선풍기

jam [dʒæm] 쨈

명 잼

lap [læp] 을랲

명 무릎

nap [næp] 냎

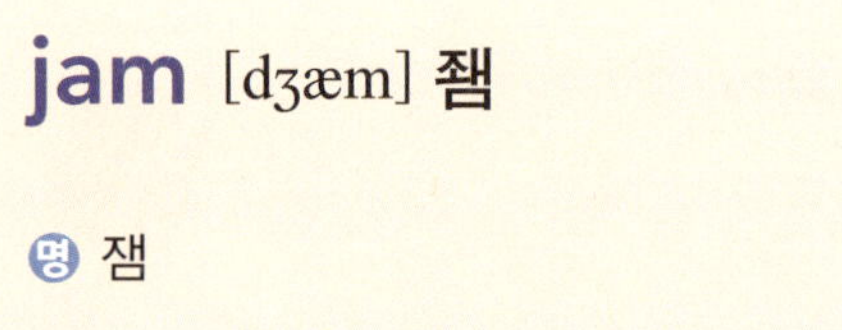

명 낮잠, 선잠, 졸기

tack [tæk] 택

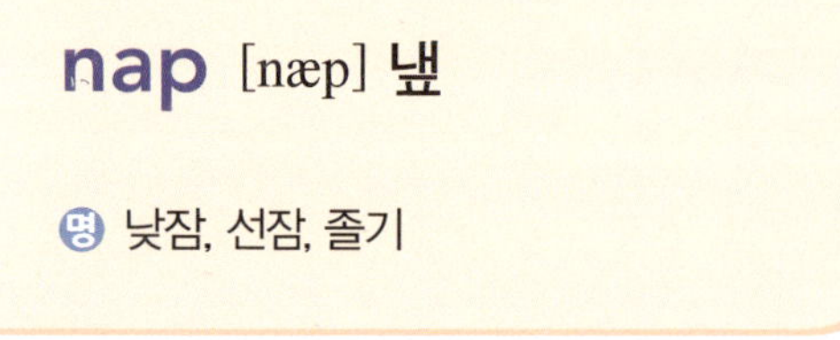

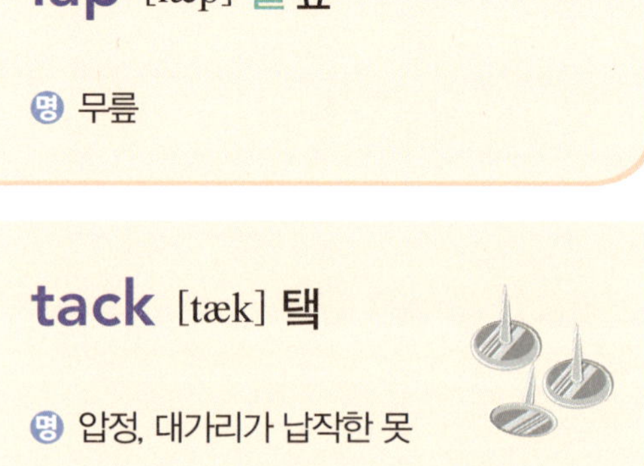

명 압정, 대가리가 납작한 못

2 단모음 **e**(에)가 두 자음 사이에 끼어 있으면 짧게 소리 납니다.

bell [bel] 벨

명 종, 종소리

fence [fens] 펜쓰

명 울타리

***get** [get] 겥

동 받다, 얻다

net [net] 넽

명 그물, 네트

***pencil** [pénsəl] 펜슬

명 연필

pedal [pédl] 페들

명 (자전거, 재봉틀, 피아노 등의) 페달

tent [tent] 텐트

명 천막, 텐트

yell [jel] 이엘

동 고함치다

3 단모음 i(이)가 두 자음 사이에 끼어 있으면 짧게 소리 납니다.

chick [tʃik] 칙

명 병아리

*** chin** [tʃin] 친

명 아래턱, 턱끝

dig [dig] 딕

동 (땅, 구멍을) 파다

*** fill**
[fil]
필

동 채우다, 메우다

gift [gift] 기프트

명 선물

*** hill**
[hil]
힐

명 언덕

*** hit**
[hit]
힡

동 치다, 때리다

hip [hip] 힢

명 엉덩이

lick [lik] 을릭

동 핥다

lift [lift] 을리프트

동 들어 올리다 명 승강기

*****lip**
[lip]
을맆

명 입술

*****pick** [pik] 픽

동 고르다, 뽑다

4 단모음 o(아)가 두 자음 사이에 끼어 있으면 짧게 소리 납니다.

bob [bab] 밥

명 단발머리　동 (머리를) 짧게 자르다

dot [dat] 닽

명 점, 반점, 얼룩

*__drop__
[drap]
드뢒

명 (물)방울

*__hot__
[hat]
핱

형 뜨거운, 더운

*__fox__ [faks] 팍쓰

명 여우

lock
[lak]
을락

명 자물쇠
동 잠그다

knob [nab] 납

명 손잡이

*not
[nat]
낱

뿌 아니다

동음 knot [nat] 명 매듭

pot
[pat]
퐡

명 단지, 항아리

pop [pap] 퐢

명 대중음악, 팝(뮤직)

*top
[tap]
탚

명 꼭대기, 정상

smog [smag] 스막

명 연무, 스모그

5 단모음 **u(어)**가 두 자음 사이에 끼어 있으면 짧게 소리 납니다.

bug [bʌg] 벅

명 곤충

dump [dʌmp] 덤프

명 덤프차

cup
[kʌp]
컵

명 컵

dunk
[dʌŋk]
덩크

동 (빵, 도넛 등을 커피나 우유 등에) 적시다, 덩크 슛하다

dust [dʌst] 더스트

명 먼지

jug [dʒʌg] 적

명 주전자

mud [mʌd] 머드

명 진흙

mug [mʌg] 먹

명 (손잡이가 있는) 컵, 머그잔

pump
[pʌmp]
펌프

명 펌프, 양수기

puck
[pʌk]
퍽

명 (아이스하키의) 퍽

skunk [skʌŋk] 스컹크

명 스컹크

trunk [trʌŋk] 트렁크

명 (나무의) 몸통, 트렁크, (큰 여행용) 가방

② 자음-모음-자음 규칙의 예외

두 개의 자음 사이에 끼어 있는 모음은 짧게 소리 난다는 **자음-모음-자음 규칙**을 따르지 않는 단어들도 있습니다.

climb [klaim] 클라임

동 오르다

* **child** [tʃaild] 촤일드

명 아이, 어린이

* **cold** [kould] 코울드

형 추운, 차가운

mind [maind] 마인드

명 마음, 정신

* **post** [poust] 포우스트

명 우편(물)

roll
[roul]
뤄울

동 구르다
명 두루마리

동음 **role** [roul]　명 역할, 배역

wild [waild] 와일드

형 야생의

3 모음-자음 규칙

두 글자로 이루어진 단어가 모음으로 시작할 때, 그 모음은 흔히 짧게 소리 납니다.

am	an	as	at	if	in
is	it	on	ox	up	us

word

★ **am** [æm] 앰　동 be의 1인칭 단수 직설법 현재형(~이다)

★ **an*** [ən] 언　관 하나의

★ **as*** [æz] 애즈　부 ~처럼

★ **at*** [æt] 앹　전 ~에, ~으로

★ **if*** [if] 이프　접 만약 ~이라면

★ **in*** [in] 인　전 ~ 안에

★ **is** [iz] 이즈　동 be의 3인칭 단수 직설법 현재형(~이다)

★ **it*** [it] 잍　대 그것은[이], 그것을[에]

★ **on*** [ən] 언/온　전 ~ 위에, ~ 표면에

★ **ox** [ɑks] 악쓰　명 황소

★ **up*** [ʌp] 엎　전 위로

★ **us** [ʌs] 어쓰　대 우리를 (we의 목적격)

Unit 7 장모음의 미국식 발음 방법

모든 모음은 긴 소리와 짧은 소리가 나는데, 그 중에서 길게 소리 나는 모음을 장모음이라고 합니다. 장모음에는 a 에이, e 이이, i 아이, o 오우, u 유-/우- 다섯 가지가 있습니다. 이들은 모두 영어 알파벳 이름대로 발음이 됩니다.

장모음 a

에이

▶ 장모음 a는
apron [éiprən] 에이프뤈
명 앞치마
의 첫소리와 같은 발음입니다.

우리말의 에이로 발음하는 앞모음입니다.

a-a-apron 하고 길게 늘려 발음해보면 장모음 a 소리를 기억하는 데 도움이 됩니다.

 다음은 **장모음 a(에이)**가 들어 있는 단어들입니다.

bake
[beik]
베익

동 (빵 등을) 굽다

cake
[keik]
케익

명 케이크, 양과자

chain [tʃein] 체인

명 쇠사슬

game [geim] 게임

명 놀이

*gate
[geit]
게잍

명 문

> 동음 gait [geit] 명 보조, 걸음걸이

*paint [peint] 페인트

명 그림물감, 페인트

*plate [pleit] 플레잍

명 (납작한) 접시

*rain
[rein]
뢰인

명 비

> 동음 rein [rein] 명 고삐
> 동음 reign [rein] 명 통치, 지배

장모음 e

이이

▶ 장모음 **e**는   **e**agle [íːgl] **이**-글   명 독수리   의 첫소리와 같은 발음입니다.

장모음 **e**는 우리말의 **이이**로 발음합니다. 하지만 단어의 끝에 오는 e는 발음하지 않습니다. **e-e-eagle** 하고 길게 늘려 발음해 보면 **장모음 e** 소리를 기억하는 데 도움이 됩니다. 우리가 잘 틀리는 발음 중 하나인데, 웃는 것처럼 입을 옆으로 길게 벌리고 턱에 힘이 들어간 상태에서 **이이** 하고 발음해보세요. 그렇지 않으면 다음 보기에서 보듯이 혼동될 수 있습니다.

장모음 e	단모음 e
*eat [iːt] 이잍 동 먹다	*it [it] 잍 대 그것
*sheep [ʃiːp] 쉬잎 명 양	*ship [ʃip] 쉽 명 선박
feet [fiːt] 피잍 명 발	fit [fit] 핕 형 알맞은

다음은 **장모음 e(이이)**가 들어 있는 단어들입니다.

*meet
[miːt]
미잍

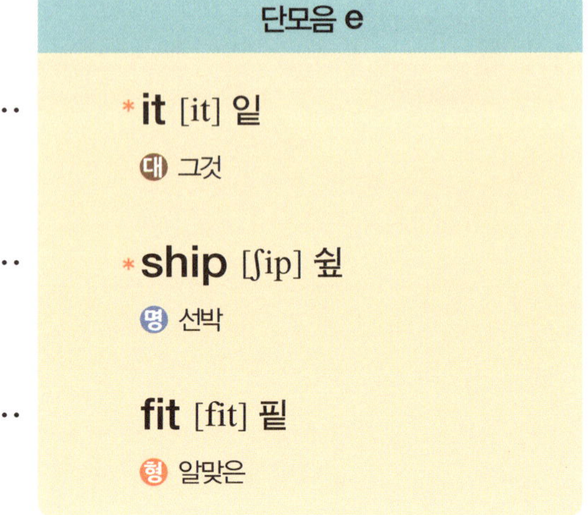

동 만나다, 모이다

feet
[fiːt]
피잍

명 foot(발)의 복수형

*peach [piːtʃ] 피-취

명 복숭아

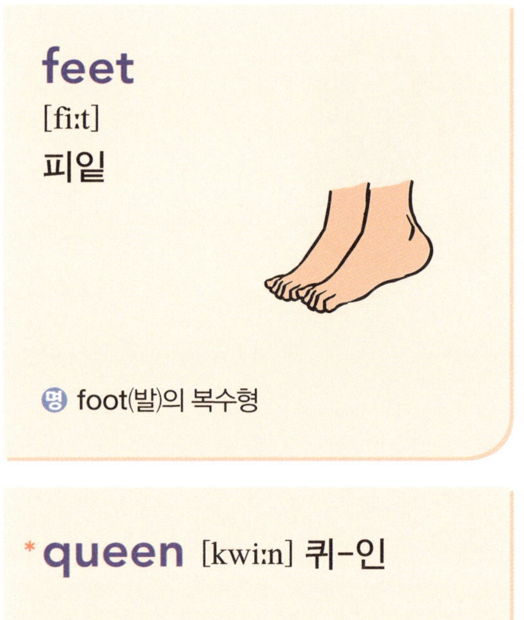

*queen [kwiːn] 퀴-인

명 왕비

*key
[ki:]
키-

명 열쇠

동음 quay [ki:] 명 부두, 선창

*meat
[mi:t]
미잍

명 (식용) 고기, 육류

동음 *meet [mi:t] 동 만나다

*sheep
[ʃi:p]
쉬잎

명 양

teeth [ti:θ] 티-쓰

명 tooth(이, 치아)의 복수형

wheel [hwi:l] 휘일

명 바퀴

장모음 i

아이

▶ 장모음 i는 **ice [ais] 아이쓰** 명 얼음 의 첫소리와 같은 발음입니다.

우리말의 **아이**로 발음하면 됩니다. **i-i-ice** 하고 길게 늘려 발음해보면 **장모음 i** 소리를 기억하는 데 도움이 될 것입니다.

다음은 **장모음 i(아이)**가 들어 있는 단어들입니다.

bike
[baik]
바잌

명 자전거, 오토바이

dice [dais] 다이쓰

명 주사위

iron [áiərn] 아이언

명 철, 다리미

***fight**
[fait]
파잍

동 싸우다

***kite** [kait] 카잍

명 연, 솔개

pie [pai] 파이

명 파이

slide [slaid] 슬라이드

동 미끄러지다

***smile** [smail] 스마일

명 미소 동 웃다

***tie** [tai] 타이

명 넥타이, 매듭

***tire** [táiər] 타이어ㄹ

동 지치다 명 (고무) 타이어

장모음 O

오우

▶ 장모음 o는 *open [óupən] 오우픈
형 열린
의 첫소리와 같은 발음입니다.

우리말의 **오우**로 발음하는 뒷모음입니다. **o-o-o-open** 하고 길게 늘려 발음해보면 **장모음 o** 소리를 기억하는 데 도움이 될 것입니다.

다음은 **장모음 o(오우)**가 들어 있는 단어들입니다.

flow [flou] 플로우

동 (액체, 기체, 전류 등이) 흐르다

*** hold** [hould] 호울드

동 잡다

oval [óuv(ə)l] 오우블

형 타원형의, 달걀 모양의

smoke [smouk] 스모욱

명 연기

soap [soup] 쏘웊

명 비누

those [ðouz] 도우즈

대 그것들 (that의 복수)

*** gold** [gould] 고울드

명 금

slope [sloup] 슬로웊

명 경사, 비탈

*** snow** [snou] 스노우

명 눈

*** throw** [θrou] 쓰로우

동 던지다

유- 우-

▶ 장모음 u는 **unit** [jú:nit] **유**-닡
명 (군대) 부대, 단위
의 첫소리와 같은 발음입니다.

우리말의 **유**-나 **우**-로 발음하는 뒷모음입니다. 입술을 쭉 내밀고 오므린 상태에서 내는 소리입니다.

u-u-u-unit 하고 길게 늘려 발음해보면 **장모음 u** 소리를 기억하는 데 도움이 될 것입니다.

 다음은 장모음 u(유-)가 들어 있는 단어들입니다.

issue [íʃuː] 이슈-

명 주제, 쟁점 동 발표하다

tissue [tíʃuː] 티슈-

명 화장지, (세포) 조직

uniform
[júːnəfɔ̀ːrm]
유-너포-ㄹ옴

명 제복, 유니폼

university
[jùːnəvə́ːrsəti]
유-너버-ㄹ서티

명 (종합)대학(교)

tune [tjuːn] 튜운

명 곡 동 (악기를) 조율하다

union [júːnjən] 유-니언

명 결합

unity
[júːnəti]
유-너티

명 단일, 개체

user [júːzər] 유-저ㄹ

명 쓰는 사람, 소비자, 사용자

다음은 **장모음 u(우–)**가 들어 있는 단어들입니다.

* **blue**
[bluː]
블루–

명 청색

clue [kluː] 클루–

명 실마리

flute [fluːt] 플루웉

명 플루트, 피리

* **fruit**
[fruːt]
프루웉

명 과일

* **glue**
[gluː]
글루–

명 아교, 풀

juice
[dʒuːs]
쥬–쓰

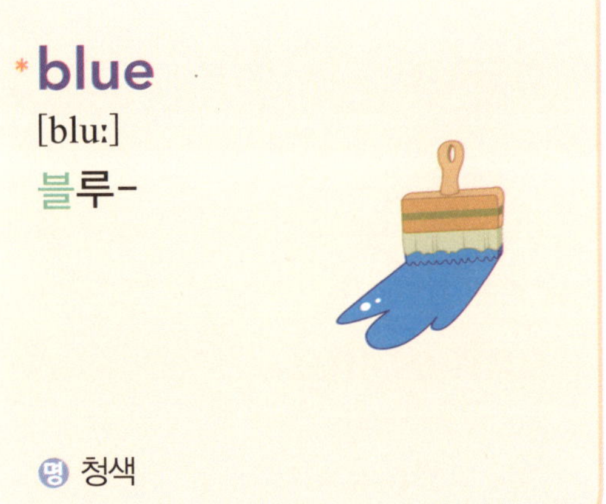

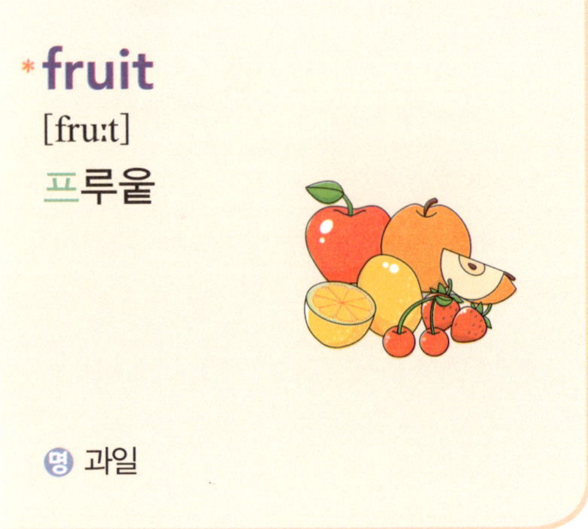

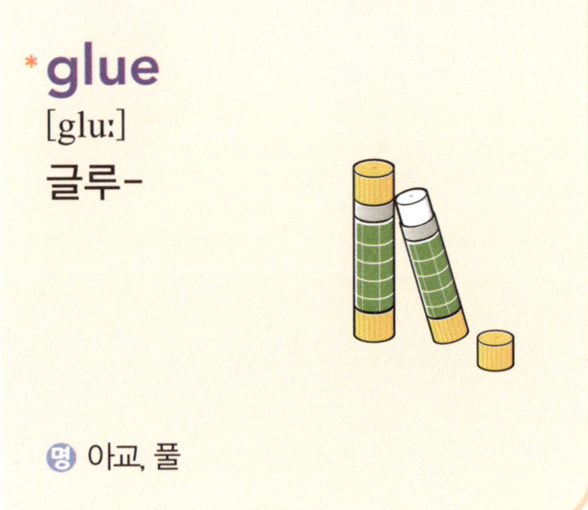

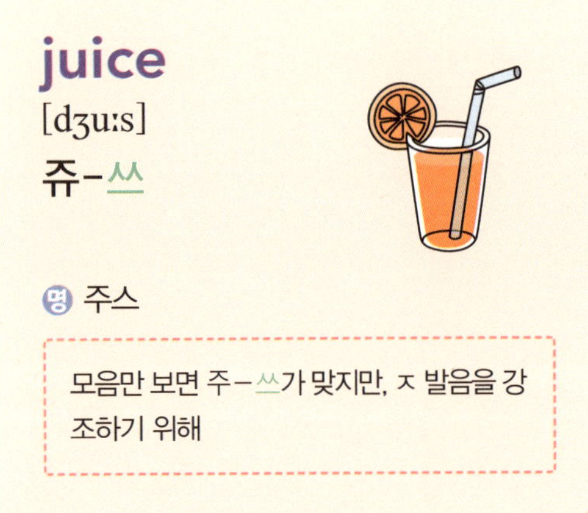

명 주스

모음만 보면 주–쓰가 맞지만, ㅈ 발음을 강조하기 위해

rule [ruːl] 루울

명 룰, 규칙

suit [suːt] 수웉

명 수트, (양복) 한 벌

Unit 8 장모음 발음의 규칙

장모음 발음의 규칙에는 여섯 가지가 있습니다. 우선 각 규칙의 뜻을 먼저 이해하고 그 규칙에 해당하는 단어를 공부하세요.

① **자음-모음 규칙**　짧은 단어가 모음으로 끝나면, 그 모음은 보통 장모음인 것을 **자음-모음 규칙**이라고 합니다.

② **자음-ay 규칙**　어떤 단어가 ay로 끝나면, a는 길게 발음하고, y는 묵음이 되는 것을 **자음-ay 규칙**이라고 합니다.

③ **간혹 모음이 되는 자음 y 규칙**　y가 단어 맨 끝에 오면, 장음 e(이이) 발음이 되거나 장음 i(아이) 발음이 되기도 하는 것을 **간혹 모음이 되는 자음 y 규칙**이라고 합니다.

④ **자음-모음-자음-묵음 e 규칙**　어떤 단어가 묵음 e로 끝나면, 그 e 앞에 있는 모음 (a, e, i, o, u)은 장모음이 되어 철자 이름대로 발음됩니다. 즉, 에이, 이이, 아이, 오우, 유-(우-) 그대로 발음이 되는 것을 **자음-모음-자음-묵음 e 규칙**이라고 합니다.

⑤ **자음-모음-자음-묵음 e 규칙의 예외**　④의 규칙에서 '어떤 단어가 묵음 e로 끝나면 e 바로 앞의 모음은 장모음이 된다'고 했으나, 이 규칙을 따르지 않는 **자음-모음-자음-묵음 e 규칙의 예외**가 있습니다.

⑥ **자음-모음-모음-자음 규칙**　모음 두 개가 연이어 올 때, 흔히 첫 모음은 장모음, 둘째 모음은 묵음이 되는 것을 **자음-모음-모음-자음 규칙**이라고 합니다.

각 규칙에 해당되는 단어들을 살펴보겠습니다.

1 자음-모음 규칙

짧은 단어가 모음으로 끝나면, 그 모음은 보통 **장모음**입니다.

***be**
[bi:]
비-

동 ~이다, 있다

동음 bee [bi:] 명 꿀벌

***go**
[gou]
고우

동 가다

***he** [hi:] 히-

대 그, 그분

***hi**
[hai]
하이

감 야, 안녕

동음 *high [hai] 형 높은

me [mi:] 미-

대 나를, 나에게

*no
[nou]
노우

부 아니

동음 know [nou] **동** 알다

*so
[sou:]
쏘우-

부 그래서

동음 sew [sou] **동** 꿰매다

*she [ʃiː] 쉬-

대 그녀

*we [wiː] 위-

대 우리

2 자음-ay 규칙

어떤 단어가 **ay**로 끝나면, **a**는 **장모음**으로 발음하고, **y**는 **묵음**이 됩니다.

* **day** [dei] 데이

  명 하루, 날

* **gray** [grei] 그레이

  형 회색의   명 회색

hay
[hei]
헤이

명 건초

동음 **hey** [hei] 감 어머나, 어이, 야

* **may** [mei] 메이

  조 ~일지도 모른다

* **pay** [pei] 페이

  동 지불하다   명 급료

* **play** [plei] 플레이

  동 놀다

ray [rei] 뢰이

  명 광선

*say

[sei]

쎄이

동 (~라고) 말하다

*way

[wei]

웨이

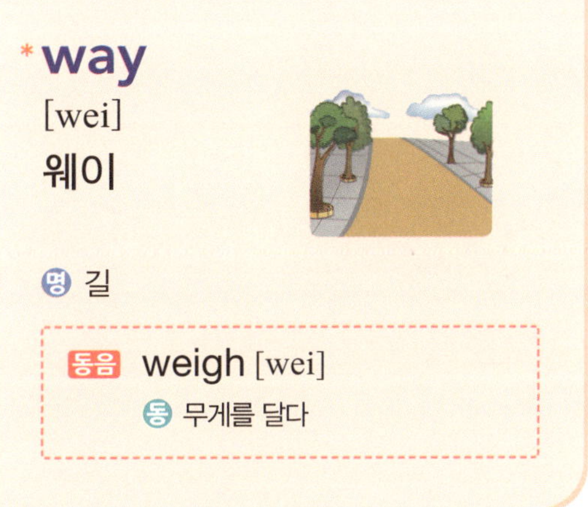

명 길

동음 **weigh** [wei]
동 무게를 달다

spray [sprei] 스프뢰이

명 물보라, 스프레이

*stay [stei] 스테이

동 머무르다

3 간혹 모음이 되는 자음 y 규칙

yarn [jaːrn] 이야-ㄹ안 **명** 실타래 처럼 y가 단어 맨 처음에 나오면 자음으로 발음 됩니다. 그러나 y가 단어 맨 끝에 오면, cloudy(구름 낀)처럼 장음 e(이이) 발음이 되거나 sky(하늘)처럼 장음 i(아이) 발음이 되기도 합니다.

1 y가 **장음 i(아이)**로 발음됩니다.

***cry** [krai] 크롸이

동 울다

fry [frai] 프롸이

동 튀기다

***fly**
[flai]
플라이

명 파리 **동** 날다

***sky**
[skai]
스카이

명 하늘

 y가 장음 e(이이)로 발음됩니다.

***baby** [béibi] 베이비이

명 아기

cherry [tʃéri] 췌리이

명 버찌, 체리

penny [péni] 페니이

명 페니(동전)

windy [wíndi] 윈디이

형 바람이 부는

***candy**
[kǽndi]
캔디이

명 사탕

***puppy**
[pʌ́pi]
퍼피이

명 (1살 미만의) 강아지

④ 자음-모음-자음-묵음 e 규칙

어떤 단어가 묵음 e로 끝나면, 그 e 앞에 있는 모음(a, e, i, o, u)은 장모음으로 발음됩니다.
즉, 그 철자 이름대로 에이, 이이, 아이, 오우, 유—(우—)로 발음이 됩니다.

1 묵음 e로 끝나는 단어에서 그 e 앞에 있는 **모음 a가 장모음**으로 변하는 경우

base [beis] 베이쓰

명 기초, 근거

cage [keidʒ] 케이쥐

명 새장, (짐승을 가두는) 우리

cave [keiv] 케이브

명 동굴, 굴

*__date__ [deit] 데잍

명 날짜, 데이트

*__face__
[feis]
페이쓰

명 얼굴

*__hate__ [heit] 헤잍

동 미워하다, 싫어하다

*__lake__ [leik] 을레잌

명 호수

***lace** [leis] 을레이쓰

명 (장식용) 레이스, 끈

***late** [leit] 을레잍

형 뒤늦은　부 늦게

***make** [meik] 메잌

동 만들다

***name** [neim] 네임

명 이름, 명칭

***plate** [pleit] 플레잍

명 (납작한) 접시

pale [peil] 페일

형 창백한

동음 **pail** [peil]
　　명 들통, 버킷, 한 들통(의 양)

***page** [peidʒ] 페이지

명 (책 등의) 페이지

race [reis] 뢰이쓰

명 경주

rake [reik] 뢰잌

명 갈퀴

safe [seif] 쎄잎

형 안전한

save [seiv] 쎄이브

동 (~을) 구하다 / ~을 챙겨두다

***same**
[seim]
쎄임

형 (똑)같은

scale [skeil] 스케일

명 저울눈, 눈금 / 비늘

***snake** [sneik] 스네잌

명 뱀

skate [skeit] 스케잍

동 스케이트를 타다

tape [teip] 테잎

명 테이프

vase [veis] 베이쓰

명 꽃병

tale
[teil]
테일

명 이야기

동음 **tail** [teil] 명 (동물의) 꼬리

taste
[teist]
테이스트

동 맛보다

2 묵음 e로 끝나는 단어에서 그 **e 앞에 있는 모음 e가 장모음**으로 변하는 경우

theme [θi:m] 씨임

명 주제, 테마

these [ði:z] 디-즈

대 이것들

Steve [sti:v] 스티-브

명 스티브 (남자 이름)

Irene [airí:n] 아이리인

명 아이린 (여자 이름)

3 묵음 **e**로 끝나는 단어에서 그 **e** 앞에 있는 **모음 i**가 **장모음**으로 변하는 경우

bike
[baik]
바익

명 자전거, 오토바이

dice [dais] 다이쓰

명 주사위

dime [daim] 다임

명 다임(10센트짜리 동전)

***fire**
[faiər]
파이어ㄹ

명 불

***line**
[lain]
을라인

명 선, 줄

kite [kait] 카잍

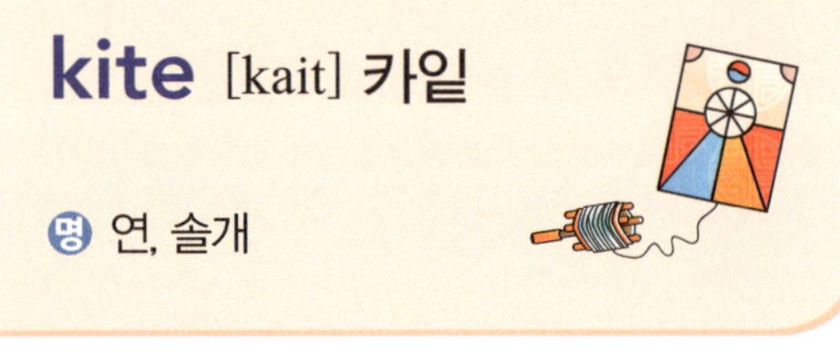

명 연, 솔개

***like** [laik] 을라잌

동 좋아하다

*__nice__ [nais] 나이쓰

형 즐거운

__tire__ [táiər] 타이어ㄹ

동 지치다, 싫증나다

__slide__ [slaid] 슬라이드

동 미끄러지다

*__time__
[taim]
타임

명 시간

동음 thyme [taim]
명 백리향, 타임(향신료)

*__smile__ [smail] 스마일

명 미소 동 웃다

4 묵음 **e**로 끝나는 단어에서 그 **e** 앞에 있는 **모음 o**가 **장모음**으로 변하는 경우

bone
[boun]
보운

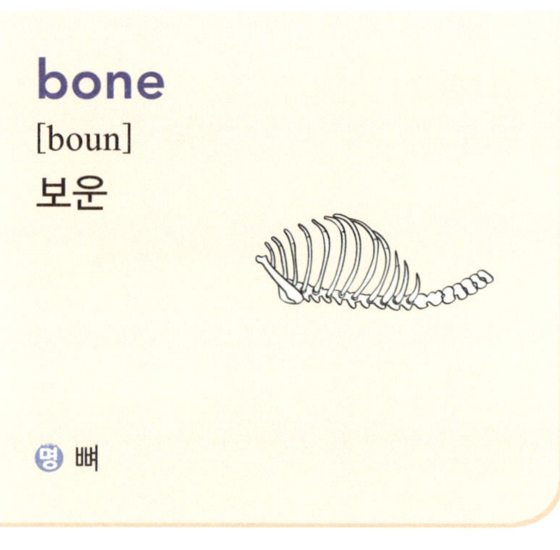

명 뼈

cone
[koun]
코운

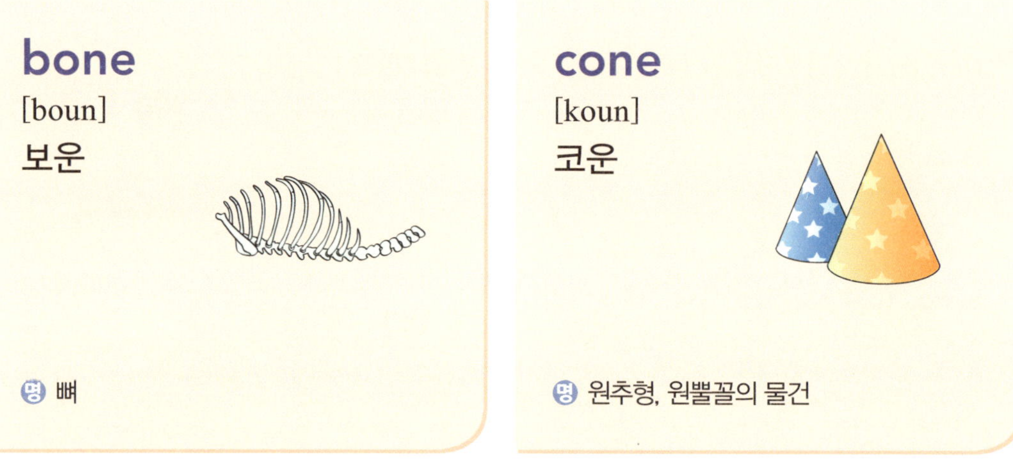

명 원추형, 원뿔꼴의 물건

globe [gloub] 글로웁

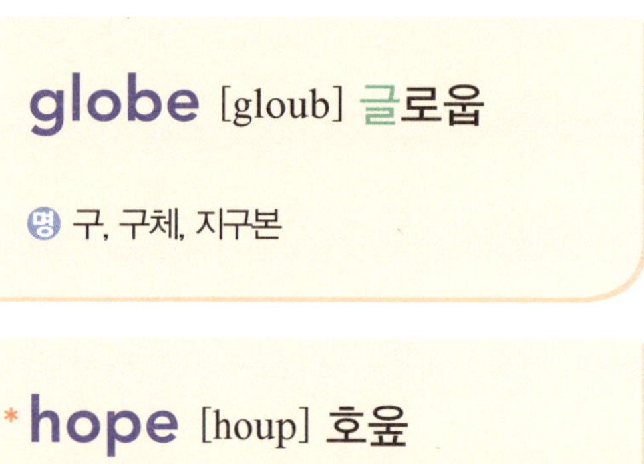

명 구, 구체, 지구본

*hope [houp] 호웊

명 희망

*home
[houm]
호움

명 집

hose [houz] 호우즈

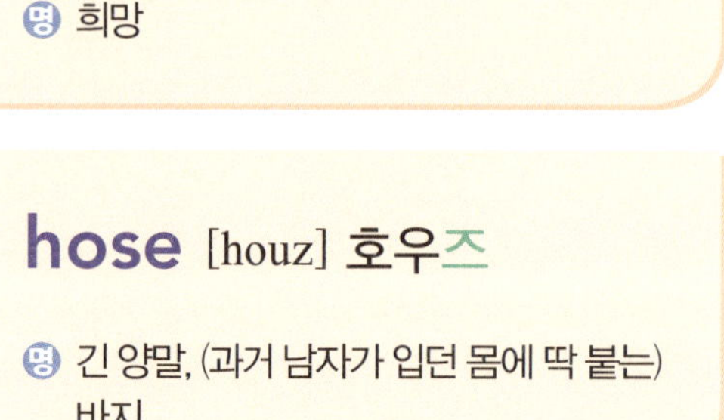

명 긴 양말, (과거 남자가 입던 몸에 딱 붙는) 바지

rope [roup] 뤄웊

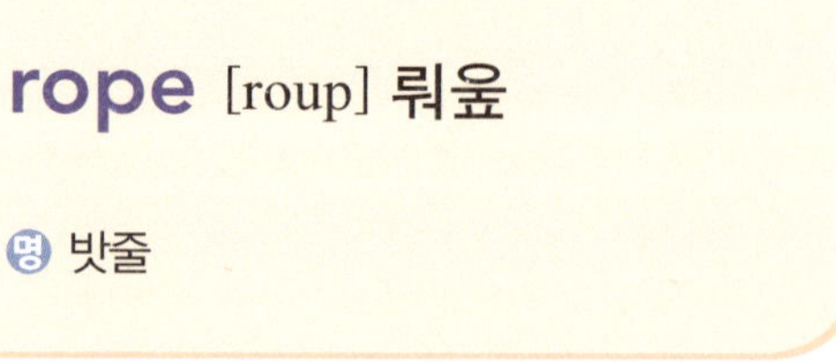

명 밧줄

*__nose__

[nouz]

노우즈

몡 코

동음 *knows [nouz]

동 알다 (3인칭 난수 현재형)

__rose__

[rouz]

뤄우즈

몡 장미

__smoke__ [smouk] 스모욱

몡 연기

__stove__ [stouv] 스토웁

몡 난로

*__stone__

[stoun]

스토운

몡 돌

5 묵음 **e**로 끝나는 단어에서 그 **e** 앞에 있는 **모음 u**가 **장모음**으로 변하는 경우

cube [kjuːb] 큐읍

명 정육면체

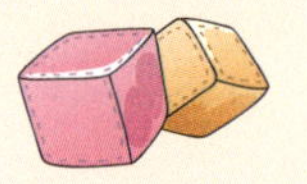

flute [fluːt] 플루읕

명 피리, 플루트

huge [hjuːdʒ] 휴-지

형 거대한, 엄청난

mule [mjuːl] 뮤울

명 노새

tube [tjuːb] 튜웁

명 관

*****cute**
[kjuːt]
큐웉

형 귀여운

June [dʒuːn] 쥬운

명 6월

rude
[ruːd]
루-드

형 버릇없는

어떤 단어가 묵음 e로 끝나면, e 바로 앞의 모음은 장모음이 되어 그 모음 이름대로 장모음으로 발음된다는 **자음-모음-자음-묵음 e 규칙**을 따르지 않는 단어도 있습니다.

gone [ɡɔːn] 고온

형 지나간, (물건이) 다 떨어진

자음-모음-자음-묵음 e 규칙대로라면 묵음 e 앞에 오는 모음 **o**는 장모음이 되어 **오우**이므로 **고우-운**이 되어야 하지만, 여기서는 예외적으로 **고-온**으로 소리 납니다.

***love** [lʌv] 을러브

명 사랑

규칙대로라면 **o**는 장모음이 되어 **오우**이므로 **로우브**가 되어야 하지만, 예외적으로 **을러브**로 소리 납니다.

***give** [ɡiv] 기브

동 주다

규칙대로라면 **i**는 장모음이 되어 **아이**이므로 **가이브**가 되어야 하지만, 예외적으로 **기브**라고 짧게 소리 납니다.

***have** [hæv] 해브

동 가지다, 있다

규칙대로라면 **a**는 장모음이 되어 **에이**이므로 **해이브**가 되어야 하지만 예외적으로 **해브**로 소리 납니다.

***move** [muːv] 무-브

동 움직이다

규칙대로라면 **o**는 장모음이 되어 **오우**이므로 **모우브**로 소리 나야 하지만, 예외적으로 **무-브**로 소리 납니다.

fence [fens] 펜쓰

명 울타리

규칙대로라면 **e**는 장모음이 되어 **이이**이므로 **피인스**로 소리 나야 하지만, 예외적으로 **펜쓰**로 소리 납니다.

***dance** [dæns] 대앤쓰

동 춤추다

규칙대로라면 장모음 **a**는 **에이**이므로 **데인스**라고 소리 나야 하지만, 예외적으로 **대앤쓰**로 소리 납니다.

자음-모음-모음-자음 규칙

모음 두 개가 연이어 올 때, 흔히 첫 모음은 장모음, 둘째 모음은 묵음이 됩니다.

1 첫 모음 **a**가 장모음 **에이**가 되고, 둘째 모음 **i**는 **묵음**이 됩니다.

brain [brein] 브뢰인

명 뇌

*****paint** [peint] 페인트

명 그림물감

*****rain**
[rein]
뢰인

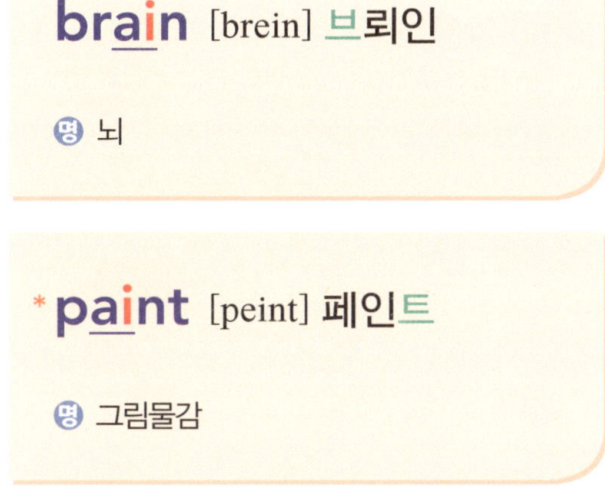

명 비

동음 **rein** [rein] 명 고삐
동음 **reign** [rein] 명 치세, 통치

*****mail**
[meil]
메일

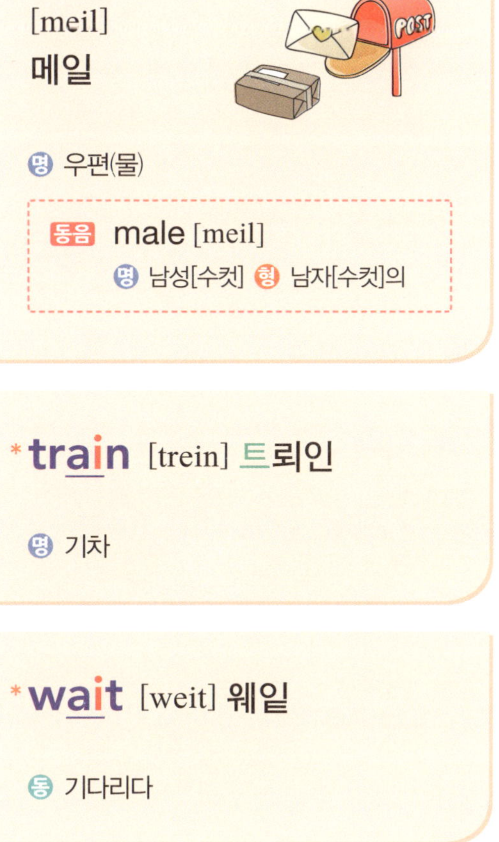

명 우편(물)

동음 **male** [meil]
명 남성[수컷] 형 남자[수컷]의

*****train** [trein] 트뢰인

명 기차

*****wait** [weit] 웨잍

동 기다리다

2 첫 모음 **e**가 장모음 **이이**가 되고, 둘째 모음 **a**나 **e**는 **묵음**이 됩니다.

bead [bi:d] 비–드

뗑 구슬

bean [bi:n] 비인

뗑 콩

feet [fi:t] 피잍

뗑 foot(발)의 복수형

green
[gri:n]
그리인

뗑 녹색의

jean [dʒi:n] 쥐인

뗑 진(바지)

heel
[hi:l]
히일

뗑 뒤꿈치

동음 heal [hi:l]
동 (상처, 화상 등) 낫다, 고치다

leaf [li:f] 을리잎

뗑 (나뭇)잎

seal [si:l] 씨일

뗑 도장, 기념 스탬프   동 봉인하다

*sweet
[swi:t]
스위잍

형 단, 달콤한

---

team
[ti:m]
티임

명 조, 팀

동음 teem [ti:m]
동 가득 차다, 충만하다

---

teeth [ti:θ] 티-쓰

명 tooth(이[치아])의 복수형

---

wheel [hwi:l] 휘일

명 바퀴

3 첫 모음 **o**가 장모음 **오우**가 되고, 둘째 모음 **a**는 **묵음**이 됩니다.

*boat
[bout]
보웉

명 보우트

croak
[krouk]
크뤄욱

명 (개구리, 까마귀 등이) 개굴개굴[깍깍]
우는 소리

coat [kout] 코웉

명 코우트

float [flout] 플로웉

동 뜨다, 떠다니다   명 뜨는 것, 뗏목, 부표

foam [foum] 포움

명 발포 고무, 거품

goal [goul] 고울

명 목표, 골, 득점

*goat [gout] 고웉

명 염소

*road [roud] 뤄우드

명 (차가 다닐 수 있는) 길

roast [roust] 뤄우스트

동 (고기를 불에 직접) 굽다

toad [toud] 토우드

명 두꺼비

soap
[soup]
쏘웊

명 비누

toast
[toust]
토우스트

명 토스트, 구운 빵

단모음과 장모음 발음 비교표

단모음 발음		장모음 발음
a 애	…	a 에이
e 에	…	e 이이
i 이	…	i 아이
o 아/오	…	o 오우
u 어	…	u 유-/우-

도표에서 보듯이 모음 철자가 단모음일 때와 장모음일 때 각각 다르게 발음 됩니다. 장모음은 우리가 부르는 알파벳 이름 그대로 발음하면 됩니다. 하지만 단모음 발음은 달라지니 주의하세요.

a → 애[æ] 또는 에이[ei]　　　e → 에[e] 또는 이이[iː]　　　i → 이[i] 또는 아이[ai]

o → 아[ɑ] 또는 오우[ou]　　　u → 어[ʌ] 또는 유-[juː]나 우-[uː]

Index
색인

Index 색인 단어장

D

E